本书获以下项目资助：
2018年教育机制体制改革试点项目：新时代地方本科院校"三分式"人才培养改革（G5-16）
四川省高等教育人才培养质量和教学改革项目："三分式"人才培养理论与实践研究（JG2018-733）
内江师范学院科研创新团队项目：人工智能与高校学生思想政治教育工作（18TD02）
高校德育实践学分制研究，项目编号：17SA0067
基于大数据的高校学生智能管理平台研发与应用，项目编号：2019KJFH001

地方本科师范院校应用型人才培养学生工作研究与实践

谭思师 著

西南交通大学出版社
·成都·

图书在版编目（CIP）数据

地方本科师范院校应用型人才培养学生工作研究与实践 / 谭思师著. —成都：西南交通大学出版社，2021.10
　ISBN 978-7-5643-8316-9

　Ⅰ.①地… Ⅱ.①谭… Ⅲ.①地方高校–高等师范院校–人才培养–研究–中国 Ⅳ.①G659.21

中国版本图书馆 CIP 数据核字（2021）第 206898 号

Difang Benke Shifan Yuanxiao Yingyongxing Rencai Peiyang Xuesheng Gongzuo Yanjiu yu Shijian
地方本科师范院校应用型人才培养学生工作研究与实践
谭思师　著

责 任 编 辑	赵玉婷
封 面 设 计	原创动力
出 版 发 行	西南交通大学出版社 （四川省成都市金牛区二环路北一段 111 号 　西南交通大学创新大厦 21 楼）
发行部电话	028-87600564　028-87600533
邮 政 编 码	610031
网　　　址	http://www.xnjdcbs.com
印　　　刷	成都蜀通印务有限责任公司
成 品 尺 寸	170 mm × 230 mm
印　　　张	11.25
字　　　数	204 千
版　　　次	2021 年 10 月第 1 版
印　　　次	2021 年 10 月第 1 次
书　　　号	ISBN 978-7-5643-8316-9
定　　　价	68.00 元

图书如有印装质量问题　本社负责退换
版权所有　盗版必究　举报电话：028-87600562

【 前 言 】

2010年7月《国家中长期教育改革和发展规划纲要（2010—2020年）》的发布，标志着中国教育进入一个新的阶段。地方本科师范院校具有强烈的区域性，立足、融入，服务并与区域共生，共享是学校的使命与责任。随着新时代新形势下高校改革的不断深化，地方本科师范院校面临向应用型人才培养体系的转变。转型的核心是人才培养模式的改变。人才培养主要通过教学工作与学生工作两个途径得以实现。

高校学生工作是随着高等教育的变革与发展逐步成长起来的，目前已经是高等教育的重要组成部分，在人才培养过程中占据着关键环节，在高校的育人工作中居于重要的基础地位。因此，加强高校学生管理，提高管理效能，构建合理的学生工作体系能更好地促进学校人才培养工作。

本书的主要内容包括地方本科师范院校应用型人才培养概况、应用型人才培养视角下学生工作概述、学生工作的载体概述、学风建设实践、心理健康教育育人实践等。这些内容是地方本科师范院校向应用型人才培养转型期对如何做好学生工作的思考与实践，是一线学生工作者的经验总结与凝练，对工作在一线的学生工作者也有一定的指导意义。

本书获以下项目资助：

2018年教育机制体制改革试点项目：新时代地方本科院校"三分式"人才培养改革（G5-16）；

四川省高等教育人才培养质量和教学改革项目："三分式"人

才培养理论与实践研究（JG2018-733）；

内江师范学院科研创新团队项目：人工智能与高校学生思想政治教育工作（18TD02）；

高校德育实践学分制研究，项目编号：17SA0067；

基于大数据的高校学生智能管理平台研发与应用，项目编号：2019KJFH001。

在本书的写作过程中，内江师范学院副校长郭云东、学生工作部部长兰华、发展规划处处长王涓等在百忙中对笔者提供了指导和帮助。在此，一并致以最真挚的谢意。

鉴于作者能力有限，加之时间仓促，本书可能还存在许多不足，希望广大读者指教，未竟之处寄望于通过以后的研究和努力加以弥补。

著 者

2020 年 4 月

【目录】

第一章	地方本科师范院校应用型人才培养概况 …………………… 001
	第一节　地方本科师范院校概况 ………………………… 001
	第二节　地方本科师范院校应用型人才培养 …………… 004
第二章	应用型人才培养视角下学生工作概述 …………………… 011
	第一节　学生工作概述 …………………………………… 011
	第二节　应用型人才培养视角下学生工作的理念 …… 015
第三章	学生工作的载体概述 ……………………………………… 025
	第一节　学生工作育人的内容概述 ……………………… 025
	第二节　学生工作育人载体概述 ………………………… 027
第四章	学习指导育人实践 ………………………………………… 038
	第一节　学风建设 ………………………………………… 038
	第二节　学习指导育人实际应用 ………………………… 044
第五章	心理健康教育育人 ………………………………………… 055
	第一节　心理健康教育概述 ……………………………… 055
	第二节　学生心理健康教育实际应用 …………………… 063
第六章	学生日常管理育人 ………………………………………… 072
	第一节　学生日常管理概述 ……………………………… 072
	第二节　学生工作日常管理育人实际应用 …………… 079

第七章	网络育人	087
	第一节　网络育人概论	087
	第二节　网络育人实际应用	099
第八章	就业指导育人	104
	第一节　就业指导内容概述	104
	第二节　就业指导在育人中的实际应用	111
第九章	以社会主义核心价值观为引领的校园文化育人	120
	第一节　社会主义核心价值观融入高校校园文化建设的必然性	120
	第二节　社会主义核心价值观融入高校校园文化建设的内容	124
	第三节　社会主义核心价值观融入高校校园文化建设的途径	130
第十章	社会实践育人	134
	第一节　实践育人概论	134
	第二节　学生工作角度下的高校实践育人现状	144
	第三节　高校学生工作实践育人的进一步工作方向	149
第十一章	班级建设育人	154
	第一节　班级建设概述	154
	第二节　班级建设的意义	160
	第三节　班级建设的方法	163
参考文献		171

【第一章】
地方本科师范院校应用型人才培养概况

第一节 地方本科师范院校概况

一、高等师范教育的制度变迁

在我国，师范大学有着悠久的设置历史，近代的高等教育制度最初是借鉴日本模式，在大学体系之外单独设立高等师范学院，专门培养教师。1920年前后，这种单一的高等教育模式逐渐受到批评，美国的教育理念开始兴起。在此背景下，以蔡元培为代表的综合派认为大学可直接设立师范科，高等师范学院无单独设置的必要，于是此时大部分高等师范学院并入综合大学，称"高师改大"运动。新中国成立后，国家高等教育向苏联模式学习，20世纪50年代开始，为确保新中国基础教育对教师的需要，国家加强了师范教育，这样高等师范教育专业又移出综合大学，成立了师范大学或师范学院。

随着时代和我国高等教育的巨大发展，以及基础教育改革的不断深入，师范院校也在不断发展。到了20世纪90年代，随着社会的发展，在高等教育大众化的背景下，要求师范教育的体制由封闭走向开放，师资培养由垄断走向竞争，师资来源由单一走向多元的呼声逐渐增加。这些因素有力地推动师范院校的改革，高等师范院校从单一培养中学师资的封闭模式中解脱出来，开始大量开设非师范专业，办学定位和人才培养定位都有了较大的变化，走上了向综合性大学发展的道路。我国高等师范院校在经历了20年代"高师改大"运动后，又一次走上了"综合化"发展之路。

1996年6月，第三次全国教育工作会议发布的《中共中央 国务院关于深化教育改革全面推进素质教育的决定》指出，鼓励综合性高等学校和非师范类高等学校参与培养、培训中小学教师的工作，探索在有条件的综合性高等学校中试办师范学院。教师教育形成了以师范院校为主、其他高校共同参与的二元并存的新局面，师范院校不再靠优惠政策而生存。这应该算是我国高等师范教育开始由封闭走向开放，由单一走向多元的最具权威的政策号令。此后，我国综合性大学开始介入中等学校师资培养，而高等师范院校一改小规模、尝试性地开办非师范专业，开始大范围地开设非师范专业。[1]1999年《中共中央 国务院关于深化教育改革全面推进素质教育的决定》明确指出："鼓励综合性高等学校和非师范类高等学校参与培养、培训中小学教师工作，探索在有条件的综合性高等学校中试办师范学院。"2001年颁布的《国务院关于基础教育改革与发展的决定》中也要求："完善以师范院校为主体，其他高校共同参与、培养培训相衔接的开放的教师教育体系。加强师范院校的学科建设，鼓励综合性大学和其他非师范类高等学校举办教育院系或开设获得建设资格所需的课程。"至此，在国家政策层面完全确立了高等师范教育多元开放和非定向的体制。这些陆续出台的政策使"多元、开放、非定向"的教师教育模式成为主要的师资培养模式。在此类政策鼓励和引导下，国内几乎所有的师范院校都开始设置非师范专业，走上综合化发展之路，形成高师综合化热潮。师范大学从原有人才的单一培养逐渐扩展成综合性培养人才。

"地方本科师范院校"是指除教育部直属师范院校、省部共建师范学校和省（直辖市）属重点师范院校以外的高等本科师范学校。这些院校多是各地的师专在20世纪90年代高师综合化热潮中升格而成。此类学校在办学定位、发展目标、学科专业建设等方面以积极的态度、昂扬的斗志、惊人的速度向综合性大学迈进，构成一股最富声势的高师综合化热潮。

二、地方本科师范院校的特点

"地方本科师范院校"大多是各地的师专在20世纪90年代高师综合

化热潮中升格而成。近年来，全国教师资格统一考试和定期注册制度开放，教师培养已不再只局限于师范类院校，在此背景下，很多高师院校开始进一步转型，寻求进一步综合化发展。这类学校有其自身的一些特点，主要表现为以下三方面：

第一，经历过调整学校发展定位的时期。我国教师培养模式在一百多年的发展历史中经历多次大的调整与转向。近代新式师范教育创办于19世纪末，历经清朝政府、民国政府和中华人民共和国政府几个时代的变迁，至20世纪80年代中叶，已演绎为相对独立而专门的师范教育体制。地方本科师范院校在20世纪90年代以前大多是师专，那时学校的办学定位非常明确，就是为祖国培养基础教育的师资。但随着90年代我国高等师范院校的"综合化"发展热潮兴起，这批地方高等专科院校升为本科院校，走上"综合化"的发展道路。几乎所有的师范院校都开始设置非师范专业，高等师范院校综合化发展使其在办学定位、学科结构、专业设置、人才培养模式、师资队伍、科研等方面发生了巨大的变化。但此前师范学校本身的特点，对学校综合性发展形成一定限制。传统的高师学科主要是对应于中学所教的学科而设置的，文科就是中文、外语、历史等人文学科；理科就是数学、物理、化学、生物等自然科学，内容较单一，基本上是基础理论学科，适应社会经济发展需要的应用性学科、新兴学科和交叉学科不多，而且学科的综合性不强、包容性不强。这些特点造成实际上高师院校提高教师教育综合性的综合化的目标并没能很好地实现。反而出现一些不太好的困境。例如，一些学校办学层次盲目追高。由于对自身定位不能较好地思考，使其在发展过程中逐渐脱离自身历史传统和自身实际情况，让学校失去了原有特色而学校的新目标也没能很好地实现；一些学校同质化现象严重，办学理念和思路相同，层次定位相同，学科布局相同，办学特色不明显，未能实现办学观念的转型。于是经历了轰轰烈烈的"高、大、全"综合化发展之后，地方本科师范院校不得不开始正视学校实际情况，尊重校情，重新调整学校的发展定位。大多数的地方本科师范校都经历过此阶段，调整学校的发展定位，根据学校的实际情况，让学校更科学地发展。

第二，地理位置较偏僻，资源有限。地理位置对高校的发展具有重要的作用。地处中心城市或省会城市往往可以获得相对较好的发展条件与环境，可以有较多的交流合作和学习的机会，反之则交流、合作、学习、发展的机会较少。地方本科师范院校往往地处非中心城市，在这种情况下，学校较为缺乏交流学习的机会，与地处中心城市的高校相比，往往表现出较为封闭的特点。同时由于交流少、学习少，也往往使这些学校对自己的教学特色思考和凝练不足，使学校的特色不明显。并且，地方本科师范院校管理属于地方政府及地方教育行政部门，由于所处的地区经济等条件一般较为有限，得到的资源也较为有限。

第三，地方师范院校本身的生源特点。地方师范院校的生源特点主要表现为农村学生、贫困学生及女学生比例高。随着重点高校农村学生的不断减少，越来越多的农村学生进入了地方普通院校与专科院校。地方高校60%~70%的学生来自农村[2]其中地方本科师范院校这种情况更加明显。师范院校学费与综合院校相比较低，且还有一定比例的免费师范学生，因此，贫困学生比例较高，在某些学校某些专业能达到20%的比例。地方师范院校专业设置文科较多，加之传统就业观念的影响，女学生比例较高，能达到70%左右。在一些专业如外语、中文等能达到90%。分析生源特点是我们做好学生工作的基础，在工作中要做到因材施教，有的放矢。

第二节　地方本科师范院校应用型人才培养

一、应用型人才培养内涵

应用型人才培养与学术型人才培养是有区别的。区别主要体现在知识结构、能力与素质培养等方面。应用型人才有自身的特点。应用型本科人才应是较为全面发展的高素质应用型人才。突出特征是"应用"与"高素质"。在知识方面，高素质应用型人才一方面要具备一定的知识广度与深度。要从"够用"和"实用"逐步向"扎实基础，增强后劲"转变。不仅如此，高素质应用型人才还要在一定的动手实践能力基础上具备较强的创新能力。在实际工作中，要培养学生将应用知识进行技术创新和科学研究的能力。应用型创新人才在进行技术开发、生产管理的过程中，专业知识的运用、技能的发挥往往与个人的道德感、责任心、心理素质、意志品质、身体条件等非专业的素养关系密切。这些非专业素养直接影响专业工作的完成效果与质量。

地方本科师范院校应用型人才培养目标的定位要准确。其应定位于大众化高等教育层次，要考虑地方和区域经济与社会发展实际。在人才培养目标与层次上应在满足地方特殊需求。要在人才培养质量与特色上下功夫。本科专业教育仅是终身教育的基础阶段。毕业生就业方式的变化和未来职业的不确定性，高等教育大众化引起的人才供需变化等都要求毕业生在专业领域要有较宽的适应性。因此，人才的培养目标定位应为培养德智体美劳全面发展、基础扎实、知识面宽、实践能力强及具有一定创新精神的应用型人才。本科应用型人才培养强调以知识为基础，以能力为重点，知识、能力、素质协调发展，注重学生创新精神和实践能力的培养。其中课程设置、教学内容、教学方法等都需以知识的应用为重点。此目标内涵包括综合素质层面、知识结构层面和能力素养层面，落实到学生教育、管理的各个方面。

应用型本科的人才培养规格不同于学术型，研究型及工程型人才，其主要以应用能力为主线构建学生的知识、能力素质结构：（1）强调实践能力，以培养学生应用为主线科学设计人才培养计划，加大实践教学在教学计划中所占比重，在掌握理论基础的情况下，强化实践能力。围绕社会对人才的创新、创业精神和实践能力的要求，构建注重实践的培养体系。（2）注重创新能力的培养。充分注重学生创新精神的培养、建立专业课程实验、课程设计，实习实训、社会实践和毕业设计（论文）等较为完整的实践体系，增强学生动手及创新能力。在课堂教学中提倡问题式、讨论式的教学方法，支持学生参加课外科技创新竞赛及学生活动，鼓励学生进行创新及实践。

二、应用型人才培养核心

应用型人才培养应以实践为核心。高等教育的大众化使得教育模式必须改变，必须从以知识发展为导向的学科中心模式走向以社会需求为导向的学生中心模式。在专业设置上，要从以学科体系为基础的专业设置转变为以职业和岗位需要为基础的专业设置。要强化围绕行业、创业进行专业布局的思想。以地区经济社会发展需求为导向及时调整优化专业设置和专业方向。加强专业之间的内在联系，使人才培养更具鲜明的行业或产业特色。按照专业与产业、课程内容与职业标准、教学过程与生产过程、学历证书与职业资格证书、职业教育与终身学习等方面的要求，以服务地方服务行业为宗旨，以培养应用型人才为目标，加强专业内涵建设，从专业层面真正实现学校的转型发展。[3]

要转变人才培养模式。地方本科高校要为区域社会经济发展提供各种应用型人才，就必须了解区域社会对人才的需求状况，并调整学科专业结构，改革教学模式和人才培养模式，真正为区域社会培养出能够用得上的高素质的应用型专门人才。人才培养模式是在一定的思想或理论指导下，围绕人才培养目标所实践的教育活动而形成的人才培养的目标形式。

地方本科高校转型发展要在保持"高等性"和"教育性"特征的同时，强化"实践性"与"职业性"的特征。继续坚持德育为先，能力为重，全面发展的教育质量观，坚持职业定向性的人才培养目标，构建合理的专业课程体系，实施学做结合的行动导向教学模式，强化实践教学基地，打造"双师素质"、专兼结合的教学团队，建立多元参与，注重过程评价和能力提升的教学评价体系。要坚持专业能力培养和理论知识并重，正确处理好"通才"与"专才"，"现时就业"和"终身学习"的关系。要突出实践教学比重和实习实训的效果。地方本科高校转型，一要注重实践课程和实习环节。课程设置上，以培养学生运用理论知识解决实践问题能力为目标，大幅度提高实践性课程和案例课程的比重。例如，在师范专业则应提高"微课"等的指导。二是建立校企合作伙伴关系。使学生在企业一线经验丰富的技术人员的指导下，提高实践能力。三是实行工学结合的培养方式，根据真实生产、服务的技术建设教学课程环境。四是围绕应用型人才培养定位，注重学生创新精神的培养。支持学生参加各种课外科技竞赛活动。

三、以内江师范学院为例谈谈"三分式"人才培养改革的理论基础

内江师范学院推进的"三分式"人才培养改革，就是以学生发展为中心，从人才培养模式、教学模式和学生管理模式等方面进行全面改革，构建"学生发展分类别、培养过程分阶段、课程教学分模块"的"三分"人才培养体系，促进教学的多元化和学生个性化发展。

高等教育价值理论是"三分式"人才培养改革实现目标的理论基础。人才培养模式的开发、选择、调整都要受到高等教育目的价值取向的影响。《中华人民共和国高等教育法》对我高等教育目的规定："使受教育者成为德、智、体、美等方面全面发展的社会主义建设者和接班人。""高等教育的任务是培养具有社会责任感、创新精神和实践能力的高级专门人才，发展科学技术文化，促进社会主义现代化建设。"这一总目的和总任务包含了培养社会主义建设者和接班人、坚持全面发展、培养独立个性三层意思。《中华人民共和国高等教育法》不仅强调教育目的的社会价值取向，也关注个人的全面发展，有了个体价值。在实际工作中，高等教育既受社会经济、政治、文化等子系统的制约，又必须尊重大学生身心发展的阶段特征与个体差异，遵循大学生的发展规律，促进其身心发展。高等教育目的不仅仅是培养国家和社会的建设者和接班人，而是"对人的身心进行有意识、有目的的直接影响，从而提高人的知识、技能和素质，发展人的智慧，陶冶人的情操，使人的个性和潜能得到发展"[4]。内江师范学院在"三分式"人才培养改革中把学生的发展作为第一要务，紧紧抓住学生"成人"和"成才"两个关键点，推动"以人为本"的教育，让教育目的回归育人本位，让教育尽量体现人的全面发展。在"成人"教育中，构建"纵向课堂和横向活动相融合、内容体系与实践路径相匹配、全面发展与大数据平台相呼应"的立体化高校德育实践教育体系，通过对学生思维方式训练、学习能力培养、健全人格塑造、身心健康锤炼等方面的"成人教育"，使学生成为一个有价值理想、道德情操、责任担当的人。在"成才"教育中，根据学生自身的兴趣和特长，聚焦不同类型人才的核心素养，设计多元化的培养方向和培养模式，构建灵活实用的课程体系，以增强学生的竞争力和适应性。实现目的价值取向

从学校本位、教师本位、知识技能本位向学生本位的转变，最终实现"学生全面发展"。在"三分式"人才培养模式构建中，将学生的人格养成和价值塑造贯穿于成才教育的全过程。因此，"三分式"人才培养模式是对我国高等教育总体目的个性化表述，既是对客观规律的尊重，是中国时代发展和社会发展的迫切要求，又是对马克思主义关于人的全面发展观的理性思考与运用。

高等教育分流培养理论是"三分式"人才培养改革中学生分流的理论基础。分流教育是加德纳的"多元智力理论"实践体验，多元智能理论肯定了智能的多元性、差异性和发展性，既承认个体的差异和独特性，又进一步揭示了学生分流培养教育的可行性，这为高校分类人才培养提供了理论依据。在我国高等教育分流研究中，以华中师范大学董泽芳教授为代表的学者针对分流的理论探讨、模式构建、运行机制、制约因素、发展趋势及相应的改善策略做了深入的分析和研究，形成了较系统的高等教育分流理论。这些理论研究成果主要从社会角度出发，指出"高等教育分流是指高等教育系统根据社会需要以及学生自身的意愿与条件，有计划、分层次、按比例地把大学生纳入不同层次、类型的高校，以便更好地接受相应的专业教育，从而培养社会发展所需要的高级专门人才的活动"[5]。内江师范学院的人才培养过程中的分流培养机制是指进入高校的大学生根据自身发展目标、职业理想和条件分流进入不同专业、班级、课程等的教育活动，是建立在高等教育外分流视域下的具体化的分流模式，即个人视角的高等教育内分流。分流教育是"因材施教"原则的重要体现，孔子的"因材施教"教育原则，注意了解学生情况，承认学生间的个体差异；从学生的个体差异出发，有针对性地进行教学；主张把统一要求和培养特长结合起来。"因材施教"教学对分流培养人才的启示很多，教师必须深化细致地研究和了解学生，弄清每个学生的优势特长和职业需求，要把学生的差异发展与国家统一要求结合起来。高等教育分流培养是促进学生分类发展的重要途径，为内江师范学院"三分式"人才培养模式提供了构建策略。在教育教学实践中，内江师范学院部分师范专业依据学生实际情况实施了分层教学，取得显著成效。在此基础上，全面推行"三分式"人才培养改革。首先是帮助每一位学生明确自己定位，清晰地决定自己的人生方向，把人才培养的流向分为"深造类""就业类""创业类"发展方向。通过加强对学生学业、生源规划的指导和教育，使得学生从这些不同的职业方向中选择最有天赋优势、最符合自己兴趣，最适合自我的人生方向。根据学生选择的不同职业趋势走向，把学生分散开来，分别定向培养。根据不同类型走向的人才的培养目标和培养需求，将每个学生按不同的培养方向定位。根据学生认知和成长规律将培养过程分流为通识教育阶段、专业教育阶段、能力提升阶段，实行分段培养。在此基础上实施有弹性的教学计划和灵活的教育方法，并设计模块化的课程体系，开展多元化的指导方案，因材施教。"三分式"人才培养改革是对学生需求的现实反映，彰显了地方师范院校的分类教育特色，丰富了高等教育分流理论。

模块化人才培养理论是"三分式"人才培养改革中课程重构的理论基础。模块化源自工程领域的"模块化"概念，运用在教育学领域是19世纪80年代英国开放大学的相关课程研究。在国内，以南京邮电大学、合肥学院为代表的高校在推进教育教学改革中，对模块化人才培养方面做了一些尝试。其他应用型高校尤其是高职院校普遍推行模块化教学，构建模块化课程体系。从中外高校的实践可以归纳出，模块化课程体系就是在教学过程和教学组织层面，运用"模块化"方法论，以课程的教育教学和管理功能分析为基础，以职业能力要求为依据，将内在紧密关联、教学目标相近的教学内容"解构"为若干个"模块"，形成"菜单式"课程内容配餐平台，由学习主体根据培养要求，按培养计划选择确定课程模块，由此再进行"模块化重构"，从而形成不同类别、不同层次的教学内容。内江师范学院确定了"三分式"人才培养改革的关键问题是培养方案中的课程体系的构建。针对培养目标，确立专业核心素养指标，重新设计课程体系及样态，构建"基本模块+能力提升模块+出国留学模块"的专业课程模块体系。前两个模块是必修模块，出国留学模块为辅修模块。根据专业特点对每个模块都规定相应的"内容量"与"时间量"，赋予相应的学分权重，进而推动教材体系、实践教学、教学制度等方面的模块化设计、开发与管理工作。模块化的课程设置可以充分盘活教育资源，增强各类型学生培养的灵活性，既可以保证人才培养的"普遍性标准"，还可以为个性化人才的培养创造条件。

学校人才培养改革的深入推进是"三分式"人才培养改革的现实基

础。一个成熟理论的形成要经过萌芽、生长、成熟、理论总结和实践等阶段。自升本建院以来，内江师范学院秉承建设"高水平师范大学"的目标愿景，根植区域创业创新的丰沃土壤，抓住全面提高人才培养能力这个核心点，明确培养目标、模式和路径，聚焦于"教""学""做"的理论与实践探索，相继开展了3次人才模式的改革与深化，使人才培养的理念、目标、路径不断完善。2000—2007年，开展了"地方高师院校'教学做合一'育人模式研究与实践"的立项建设工作。经过8年的建设，该项目获得教育部本科教学水平评估专家组的高度肯定，项目成果获第六届高等教育四川省教学成果奖一等奖，标志着学校育人模式的改革创新取得了阶段性的成果。在进一步推进育人模式的改革中，学校发现该项目建设在理论提炼、评价体系、管理机制等方面还有待改进。由此，2009年，学校开始实施"以发展为中心，教学做统一"育人模式改革。经过4年的建设，该项目的研究成果获第七届高等教育四川省教学成果奖二等奖。在"以发展为中心，教学做统一"育人模式改革基础上，学校依托四川省教学改革项目，继续探索创新地方本科院校人才培养模式改革。2016年，凝练出"教学做统一：'三层四阶'教师教育人才培养模式改革"，获得第八届高等教育四川省教学成果奖一等奖。在前三阶段育人模式改革的基础上，学校组织团队广泛进行调研，并邀请专家对学校人才培养改革进行问诊把脉，对现有问题进行修正，结合专家的意见，在学校现有部分专业分级、分类教学改革的基础上，学校提出了"三分式"人才培养改革。

综上所述，内江师范学院对"三分式"人才培养改革的实施，遵循我国社会主义教育的基本价值观和目的观，把握高等教育分流规律，清晰模块化人才培养的建构路径，符合国家对高等教育改革的要求，并在教育教学实践中加以凝练和深化，从而逐渐形成成熟的理论。

【第二章】
应用型人才培养视角下学生工作概述

第一节 学生工作概述

一、学生工作的定义

高校学生工作是随着高等教育的变革与发展逐步成长起来的，目前已经是高等教育的重要组成部分。学生工作在人才培养过程中，占据着关键环节，在高校的育人工作中居于重要的基础地位。

高校学生工作这一概念目前被越来越多地使用，但是往往容易与学生思想政治教育、高校德育、学生管理、学生事务等概念混淆。思想政治教育这一概念，是从政治工作、思想工作、思想政治工作等相关概念演化而来。从1977年恢复高考制度到20世纪80年代中期，人们处于对此前片面强调"政治统帅"的反思，提出学生思想政治工作只是学校教育的一部分，不应有凌驾于学校其他工作之上的"特权"，从这时开始，"学生政治思想工作"被改称为"学生思想政治教育"即"德育"。大学生思想政治教育是指以大学生为特定的对象，对其进行思想、政治、道德教育。大学生思想政治教育是教育者与受教育者，根据社会和其自身发展的需要，在一定的理论指导下，在适应与促进社会发展的过程中，不断提高其思想、政治、道德素质，促进大学生成长的过程。与高校德育目前来看基本是一个概念，常被交互使用。"学生工作"这一概念开始于20世纪90年代初期，在我国社会主义市场经济体制转轨进程中，涉及高校学生发展的课外具体事务逐渐增多，例如，贫困生资助，毕业生就业管理等，这些事务在早期萌芽时被归属于"德育工作"，但随着高等教育大众化进程的加快，社会的进步和发展逐步意识到德育的概念难以反映新增事务的全部特征。于是一般意义上的"学生工作"一词开始频繁使用了。这一时期，"学生工作"可以说包括了两方面内容：一方面为学生的德育教育即学生的思想政治教育；另一方面为学生的管理服务。这时学生德育教育的内涵和外延并没有发生变化，但学生管理已从狭义的"管理学生"扩展到管理学生的具体事务，并为学生提供相应服务，这样这个概念就与国外"学生事务管理"的概念较为接近了。学生事务（student affairs）是一个"舶来品"，在当今的美国高等教育领域，学生事务与学术事务（academic affairs）是相对的概念。通常来讲，学术事务涉及学生学习、课程设置、认知发展等；学生事务则涉及学生的课外活动、学生住宿生活、学生情感问题或个人问题等。所以，学生事务又可以统称为学生的非学术型活动或者课外活动，涵盖学生课外的一切活动[6]。

　　从实践角度看，我国高校学生工作是指在高校中专门的机构和人员，为培养情感、增长知识、锻炼能力等方面的需要而开展的教育、管理、服务活动或项目的总和。具体体现在教育、管理和服务三个方面：学生工作中的教育主要是指通过日常思想教育、学生党团组织建设、校园文化活动及社会实践等途径对学生进行政治、思想和道德品质的培养和塑造；管理是通过规章制度约束、引导学生的行为，促进学生的行为向社会规范认可的方向发展，主要包括学籍管理、行为管理、奖惩、评价等；服务是通过创造一定的条件，解决学生在学习、生活过程中遇到的实际问题，帮助学生健康成才，主要包括提供心理咨询、就业指导、困难学生资助和组织勤工助学活动等。[7]上述概念的转变是由于时代的变迁导致教育观念的变化而带来的，反映的是高校学生工作从仅关注德育到关注学生的全面发展与成长、成才的过程。

　　因此，从我国高等教育目前以及未来的发展趋势来看，学生工作应由两个子系统构成：一是思想政治教育子系统，包含学生思想政治教育、党团教育、道德教育、法制教育等。重点应关注主流价值观、道德观、民族文化、多元文化等对大学生成长、成才的影响。二是学生事务管理子系统，重点应关注高等教育自身法制对学生成长的影响和学生事务管理专业化的规律。学生工作其实是大学生思想政治教育的重要载体，也承担着思想政治教育的任务，但其思想政治教育的表现往往是以隐性教育的方式,多通过一些服务传达和影响大学生的思想、道德、行为规范等。

二、学生工作的特点

(一)工作理念是"以人为本"

学生工作的工作对象是学生,因此在工作中要树立以人为本的理念。在学生工作中,我们具体工作多从维护稳定校园秩序进行考虑,常常以保证在校生的安全与健康、确保学生正常地参加学校规定的教学活动为目的。这种管理方式对学生需求考虑少。长期以来,学校和学生分别扮演着"管理者"和"被管理者"的角色。这种管理方式逐渐不能适应新的形势,需要改进。在工作中应作注重"以人为本","以学生为中心",注重认识和充分发挥学生的主体作用。在学生工作中强调服务,明确学生的主体地位。教育活动应以学生的实际需求为中心,为"学生全面发展"服务,并引导学生树立自我教育、自我管理、自我服务的意识,充分认识学生的主体作用。在教育活动中,还应注重学生的差异性,因材施教,促进学生全面发展。

(二)工作内容具有广泛性

学生工作的内容几乎囊括了除正常课堂教学以外的所有课外教育活动,对口职能部门涉及组织、宣传、学工、团委、教务、后勤、保卫等各部门,贯穿学生校园生活的始终。此外,高校学生工作的形态、方式多种多样,既有课堂理论教学,又有大量的课外实践活动。

(三)需要专业化的队伍,配备专职人员(一般为辅导员), 开展专项工作

学生的思想教育是高校学生工作的主要内容,其工作方法、形式以及原则等方面都必须遵循思想教育科学的规律。学生工作涉及的职业生涯规划、心理咨询等都需要相当的专业知识。这就要求学生工作者既要有较高的思想觉悟、理论知识、组织协调和管理手段,又要有一定的文艺体育、心理咨询、就业指导等方面的专业技能。因此,需要通过加强在职管理人员的专业培训、规范新进人员的入职程序、细化管理内容的

分工程度、构建学工队伍的发展体系，保证学工队伍的专业化建设。

（四）成果具有滞后性，效果难以量化评估

学生工作是对学生综合素质的培养，是在潜移默化之中进行的，其成果是以潜能的方式存在于学生身上的，不是直接显现出来的，往往需要在较长的时间才能有所显现，而且其最终的效果往往难以量化。

总之，在新形势下，在应用型人才培养的视角下，应重新审视学生工作，理清学生工作的特点，给学生工作一个准确的定位，这样才能使学生工作不断适应社会发展的要求，为学生的成长成才创造各种良好的条件。

三、学生工作的意义

（一）可助益于学生的健康成长与发展

在学生工作中有一个子系统即学生思想政治教育，学校开展的学生思想政治教育活动对学生的健康成长具有积极的作用。首先，学生思想政治教育帮助和引导学生树立正确的价值观。学生思想政治教育内容不仅体现在课本中、课堂上，同时也贯彻在学生的日常生活之中，把系统的思想政治教育理论和实践相结合，对学生进行教育，促进学生爱国主义情操、集体主义意识、奉献精神的不断增强，坚定社会主义方向。其次，学生思想政治教育能够帮助和引导学生树立正确的理想和信念。崇高的理想和信念是不断推动人发展进步的强大动力，学生思想政治教育引导和帮助学生确立建设中国特色社会主义的崇高理想和信念，并使其转化为学生强大的精神动力，使他们无论是在学习上、生活中还是在以后的人生路上，都能够以充沛的精力、高昂的热情和坚定的意志去直面未来，不断提升自我认识、自我约束、自我管理、自我评价、自我教育的能力。因而，这些无疑可助益于学生的健康成长与发展。[8]

（二）可助推整体国民教育体系的教育目标的实现

我国当前的整体教育目标是实现人的全面发展。人的全面发展包含

两方面的意蕴：一是所有人的发展；二是人的德、智、体、美等所有方面的发展。德、智、体、美等教育相互联系、相互作用，共同推动人的全面发展。学生思想政治教育即全面发展教育中的德育，在诸多教育中处于基础地位，在人的全面发展过程中起着导向作用。由于伴随着人的成长和发展，会出现各种各样的问题，外部环境也会对人产生积极的或消极的影响，这些问题和消极的影响都会阻碍人的发展，进而影响整体教育目标的实现。开展学生思想政治教育就是要培养学生的理性思维，增强学生辨别是非的能力，帮助学生解决思想上和实践中的问题。这些可为学生素质的全面提高提供支持，对人的全面发展起到巨大的推动作用，为整体教育目标的实现做好保障。[9]

（三）推动社会主义和谐社会建设的需要

高校的和谐是社会主义和谐社会建设的一部分，随着社会的发展、高等教育的大众化等情况的出现，高校内部出现了就业问题、心理健康问题等影响着高校校园和谐发展的问题。学生工作者要做好学生的管理和服务工作，坚持"以人为本"，实施人性化管理，以诚待人、以情感人、以理服人，通过学生工作，切实营造优美和谐的大学校园。例如，做好就业服务工作，就可以大力宣传、推广国家积极的就业政策，贯彻落实国家在大学生就业方面的民生工程，在学校与社会间架起一座"沟通"的桥梁，深化学生对自身和社会的认识，使学生顺利地从学校迈向社会，快速转变角色投入职业生涯发展，更好地服务于国家发展和现代化建设，等等。

第二节　应用型人才培养视角下学生工作的理念

地方本科师范院校具有强烈的区域性，立足、融入，服务并与区域共生、共享是学校的使命与责任。随着新时代新形势下高校改革的不断深化，地方本科师范院校面临向应用型人才培养体系的转变、转型的核心是人才培养模式的改变。人才培养主要通过教学工作与学生工作两个途径得以实现。因此，加强高校学生管理，提高管理效能，构建合理的学生工作体系能更好地促进学校人才培养工作。

一、应用型人才培养视角下学生工作理念

有学者曾说："从理论与时代的关系看，一切理论都是时代的产物，都在时代中创新；一切理论创新既源于时代，又高于时代。"如前文所述，改革开放以来，中国高等事业取得了举世瞩目的成就，由精英化阶段进入了大众化阶段，因此中国高等教育的管理体制和运行机制必然要从"精英化"教育的模式转向"大众化"模式。所以教育综合改革必然要进行，其中当然包括人才培养模式，也就包括学生工作。

在应用型人才培养的视角下，学生工作内容依然包括学生德育教育即学生的思想政治教育和学生的管理服务两大主要内容。

应用型人才培养视角下立德树人的真义。在新时代，要求学生工作构建有效育人机制，促进德育社会化、生活化，逐步形成全方位、全时间、全空间、全过程的大德育格局。

在当下，"立德"和"树人"紧密相连，相辅相成。教育要"立德树人"。"立德"强调的是人之为人的根本，"树人"强调的是人才培养目标的全面性，将两者有机结合才符合当下应用型人才培养的理念。学生工作就是践行立德树人的实践工作。立德树人由三个层次构成。第一个层次，培养有德之人。要成人，先成才。学校首先要对学生的思想观念做好教育和引导，使学生拥有正直、善良的良好品质，且拥有社会责任感及担当意识，有较好的道德水平。第二层次，使学生具备某一专业领域的合理知识结构，以及相关的基本素质和能力，比如，身体素质、心理素质、理解能力等，具备一定的专业知识和能力。立德树人的第三层次，是根据学生个人的兴趣、爱好等进行个性化培养，使具有一定鲜明个性。这些层次需要学生工作扎实推进，积极实现[10]。

二、应用型人才培养期间学生工作出现的新情况

学生群体多元化，需加强理想信念教育。在大学教育大众化之后，

学生群体的多元化，首先表现在来源的多元化。除了应届毕业生、高职学生，甚至企业员工都逐渐出现在学生队伍中。多元化的另一个层面是需求的多元化。有随大流，选择自己并不了解的专业的学生；有明确就业目标的学生；有期望接受学术性教育，为进一步升学暂时选择专业教育的；有真心想获得应用型能力，真正学会运用知识去分析问题进而解决问题的。不同需求的学生有不同的教育期待。学生群体多元之后，给高校带来了新鲜的力量，也带来了各种各样多样的想法，这一实际情况，给学生工作者提出了更高的要求，在学生工作中要引导与教育相结合，理论与实践相结合，细致做好学生价值观的相关工作，加强理想信念教育。

培养机制弹性化，管理碎片化。为适应应用型本科的顺利转型，人才培养规格与目标需重构。由于实践性教学的需要，教学管理体系会变得有弹性，更加开放。在时间安排上满足学生个性化学习的需要；面对学生的多元需求，人才培养可以实行分层培养，进行大类招生，分流培养，尊重学生自主选择权；实践性是教学的基本原则，学分制、选课制在教学管理中应用得越来越广泛；在教学内容、教学过程与方法上实践性要求增多，校企合作环节增加。学生选课、上课、实习、实训不以班级为单位统一进行，学生随课程组合上课，依照不同的安排多地分散学习实训，一部分学生教室上课，一部分学生进企业实习实训，一部分学生开展创新创业项目，同班不同学，同学不同班。原来统一以班集体为对象的学生管理出现碎片化现象，班级作为学生管理工作的一个重要载体与平台作用受到了削弱，集体观念淡化[11]。从学生的角度来看，学生自由度增加；从管理的角度来看，学生管理工作者相对以前不容易掌握学生动态，管理碎片化了，管理难度增加了。

管理空间扩大，需营造良好育人环境。在应用型人才的培养中，校企合作，行业指导，实践实训环节备受重视。随着应用型本科转型建设，学生工作的空间除了校内课堂外，必然辐射跟进到行业、企业与实训中心。学生工作的空间扩大了，这样对学生工作者的要求更高了。学生工作者在工作中要做好学生品格的培养和习惯的养成，要重在培养现实生活中学生良好习惯的点滴的积累。通过组织学生参加他们感兴趣的活动，在学生活动中营造良好的育人环境，使学生立德与树人充分结合，促进学生的进一步成人成才。

三、应用型人才培养视角下学生工作新特点

（一）多端性

学生工作涉及学生的方方面面，因此，具有多种开端，可以从多处入手。例如，学习成绩，职业生涯规划、学生思想道德教育等等。例如，学生工作中，学生思想道德教育是重要的部分内容之一，道德教育一般以认识为开端，沿认识、情感、意志、信念、行为的内在顺序发展，最终以行为习惯为终端。但在实际工作中，学生的心理发展常常会出现不平衡性，每个具体的思想品德过程并不是严格按照上述过程发展，因此在工作中要根据学生具体的情况找出学生的薄弱关键点，据此作为开展道德教育的开端，根据具体情况开展工作，对学生进行道德教育。有些学生意志薄弱，就以此为工作开端和重点，锻炼其意志品德，促进其养成良好的意志品德；有些学生信念尚不稳定，则应坚定其信念；有些学生日常习惯不好，则要帮助他养成良好的生活习惯。总之，学生工作具有多端型，从何入手，因人而异，不能机械地规定一个固定的模式。

（二）理论教育和实践教育有机地相结合

理论教育和实践教育要有机地相结合。没有理论的实践是盲目的实践，只有理论的灌输没有实践体验，理论的力量不会得到稳固和升华。学生工作的实践性包含着三层含义：学生工作必须适应社会实践及其发展的客观要求；学生工作的基本途径是实践；学生工作的归宿也要依靠实践完成。离开了社会实践，学生工作就会变得苍白空洞。在应用型人才培养转型期间，大学生的社会实践变得尤为突出。所以在学生工作中要更加注意社会实践，注重理论与实践有机结合。

（三）价值观、人生观教育和职业教育、就业教育相结合

价值观的教育是学生工作中重要的教育内容之一。价值观的教育是一个长期的过程。在大学教育大众化，且向应用型人才培养转型的今天，就业问题是学生十分关心且无法回避的问题。价值观、人生观的教育离开职业教育就很难谈清楚，变得没有立足点，也让学生接受起来比较困难。离开就业教育也很难说明白价值判断的准则和对人生的把握。

（四）注重载体建设

学生工作要实现教育目标，需要借助载体。在新形势下，载体建设尤为重要。学生工作的特点决定了学生工作不能和教学工作一样在传统的课堂中灌输理论。学生工作的过程较为依赖载体的开展。学生工作相对于教学工作没有较为独立的形式，整个过程较为"潜移默化"。这样受教者才会把其中所蕴藏的思想政治教育的内容作为社会实践活动的有机组成部分，而不会特别留意其中所蕴藏的教育的内容。因而，学生工作中，相应的思想政治教育内容可以顺利为受教育者掌握、吸收，达到潜移默化的效果。所以形式多样且适用于教学内容的载体建设就显得十分重要。例如，优美的校园环境能熏陶学生心灵、提升学生的美学修养，能激发学生的好奇心和求知欲，能提升学校声誉、增强学生的荣誉感。校园文化能以非强制性的方式影响优秀的大学生的思想情感、道德水平、价值取向等。

（五）非强制性

所谓强制，是指以某种有形或者无形的力量约束人或者物，或者是以这种力量来使人执行某项行动，使物进行某项操作。教学教育，通常都体现为学校的课程，受教育者具有学业的压力和考试的要求，在不能达到相关要求的情况下，还有相应的处罚措施。对于受教育者而言，显性教育具有一定的强制性。与此不同，学生工作包含管理与服务大多不要求通过考试等形式进行考核，相对而言是非强制性的。至于受教育者需要遵守的、相关活动的规则，这可以说是硬性要求，具有强制性，但这两种情况处于不同层次。相对于教学，学生工作没有了强制性，从而淡化了教育者与受教育者的界限，有时有较好的效果。[12]

四、应用型人才培养视角下学生工作路径

（一）注重实践并在实践中总结经验，不断创新德育工作

应用型人才培养什么人，如何培养人，是我国教育事业发展中必须解决好的根本问题。在人才培养过程中我们注重实践并要善于在实践中

不断总结，实现提高。坚持以人为本，注重德育教育，要加强对学生进行社会主义核心价值观的教育；要从传统的灌输模式向主体性模式转变。要以生为本，满足学生的内在道德发展要求和道德期望，要尊重、理解和关心学生，不断培养学生的自我教育、自我管理、自我约束的能力。要树立知识教育与思想政治教育相统一、全过程育人以及课堂教育与环境教育相结合的理念。深入发掘各类课程的思想政治教育资源，自觉加强思想道德修养。另外注重环境教育，实施课堂教育与环境教育相结合的德育工作方式，尤其要做好在实践性环境下的德育工作。

（二）优化育人环境，建立共管共育的新机制

学校要大力营造健康、文明、乐观向上的文化氛围和教育环境，开展学生喜闻乐见的文化艺术活动，使学生思想观念和价值取向受到潜移默化的熏陶。同时，应用型本科的人才培养与行业密切联系，与企业、初高中等学校紧密相连，与社会息息相关，学生管理工作要打开校门，主动走出去，请进来，邀请行业、企业、社会参与学生管理工作。甚至可以请行业企业一起制定学生管理规范，让学生在校园里就能感受到不同一般的职场氛围。由于管理空间的扩大，在学生实习实训时，可以争取为学生指派行业企业的工作人员担任导师。导师不仅指导实习实践，更在职业素养方面严格要求，培养良好的职业态度，传承严谨的职业文化，塑造学生对职业的新认知，促进学生"知识"向"能力""实践"的转化，帮助学生在职业规划上有新的设计，帮助学生顺利从校园向社会过渡。学校是学生管理工作的主体，应建立起统一领导、齐抓共管、各司其职的工作机制，党政领导与院系相结合，辅导员与专业教师相结合，校内资源与校外资源相结合，学生管理工作贴近学生心理，贴近社会需求，调动各方积极性，形成应用型人才培养的新格局，提高人才培养的质量。

（三）建设高素质的学生工作队伍

做好学生工作，应科学地建立一支由行政干部、辅导员、班主任为主的专兼结合的稳定的高素质学生工作队伍，形成齐抓共管的育人合力。同时要重视学生工作队伍的培训，不断加强马克思主义理论的学习，不

断提高思想素质和理论水平。并且，在应用型本科转型建设中，人才培养取向的特殊要求，对学生工者提出了更高的要求。例如，在实际工作中，学生工作管理者要跟踪学生实习实训，有时还得驻点企业或实训中心。为方便开展工作，也要懂得生产纪律与规范，了解劳动保护与安全，熟悉企业文化与职场伦理。再者，有学生不免受传统的偏见影响，认为专业的实习实训就是蓝领干的活，是降低身价，学生工作管理者要善于从职业文化与职业生涯辅导方面进行教育，纠正学生的错误认知，引导他们形成良好的职业态度。同时加强心理健康教育，帮助学生分析思想根源，找出他们的认识误区，扫除认识障碍，把学生的思想引到正确的方向上来。

（四）探索网络育人方法

时代的不断进步与发展，信息技术逐渐成熟，网络虚拟空间与我们的生活联系越来越密切，网络也已经深刻影响当代大学生的生活方式与大学生们紧密相连。意识形态斗争的主要阵地不仅仅限于实际空间，也包含网络空间。学生工作者在实际工作中要掌握网络话语权，引导学生树立正确的价值观，要能提升网络话语能力。在网络空间中，受教育者较为不喜欢传统教育者所主导的严肃性、系统性、规范性等教育话语体系。要尊重大学生的话语主体意识，在工作实践中应主动理性梳理，辩证分析，探询网络话语的特点及规律。要充分考虑大学生网络语言的特点。从小事切入，叙事故事情感要真诚。要注意优化网络平台。要做好校园网的规划、建设工作。积极联系相关职能部门，做好对校园网络的管理工作，尽量规避不良信息对大学生思想的影响。不能在网络上"潜水"，应积极发声。要力求维护网络平台的话语主动权。在网络平台上，如果学生工作者在网络平台不积极发声，网络空间就会被不良声音占领。培养学生网络意见领袖，运用他们在学生网民中的话语影响力对议题进行讨论与传播。进一步建设好官网、官方微博、微信等传播平台形成新媒体传播矩阵，形成传播合力，使主流思想不断共振，延长传播时间，达到良好的影响力。加强网络舆情的调控，积极引导舆论走向，营造良好的网络生态环境。辅导员等学生工作者要加强对互联网、新媒体应用技能等的相关培训，定期开展专业技能讲座、研讨会等活动，不断学习、交流，最终达到更新知识结构、提升网络话语能力的目标。例如，在实际工作中，辅导员可以借助信息技术及时了解大学生的思想动态，形成每周校园舆情热点报告。积极利用新媒体工具进行引导，了解学生常用网络软件的特点及规律并能熟练运用。关注学生的网络空间动态，捕捉大学生的思想行为动态，采用多种教育方式对大学生进行引导。通过这些细致的工作做好舆情主动权的掌控和把握，积极借鉴，吸纳网络有益元素，不断优化教育内容及形式，不断借鉴、吸收、学习、实践网络流行文化的新元素。爱国主义教育的内容与形式应融合网络特质不断改进，使教育内容易于网络传播，提升网络话语权，达到易于学生接受的目的。例如，爱国主义教育内容的选择表达上就要尽量符合目前学生在网络空间注意力不容易集中、信息碎片化的特点，既要符合爱国主义教育的内容又要易于被学生们理解和接受。概言之，互联网场域是复杂多变的，在此环境下学生工作者应争取不断提高自己的能力，进而努力筑牢有利于主流意识形态话语权构建的网络阵地。

五、地方院校学生工作举例——互联网条件下德育实践教育体系一体化建设

高校德育实践作为德育工作的一个重要环节和过程，是大学生思想道德形成、发展的重要途径和根本动力，是大学生实现德育知识内化和外现的关键，也是检验高校德育工作成功与否的重要标准。高校德育实践不只是简单的社会活动和实践，应该包括课程学习、生活实践、社会体验等多个方面的内容。因此，高校德育实践也包括德育环境和氛围对大学生的影响和熏陶。高校德育工作是在一定的环境下开展并得以实现的，这里面既包括社会的大环境，也包括学校的小环境，还包括学院、班级以及朋辈之间的微环境。大学生思想素质和道德修养的提升不仅由学生自身的学习态度和努力程度决定，还受到德育主体的工作态度和自身素质的影响。高校德育主体包括所有的专职教师、德育队伍，同时还包括参与学生管理、为学生服务的所有从业人员。高校德育实践要依靠专业教师在课堂上的知识传授，但也不能忽视德育工作者和全体教职员工在学生的日常管理和服务中对学生潜移默化的影响。正所谓言传身教，

高校全体教职员工在校园的管理服务以及校园文化建设过程中，在学生面前都身体力行地反映着学校的办学理念和文化面貌，可以说他们是高校德育实践环境的直接构建者和组成单元。在全体教职员工构建起来的这种德育环境下，学生能够自主感受到其中蕴藏着的丰富的德育内容，并不自觉地受到这种理念或者说整体精神面貌的熏陶和影响，进而把一系列的思想品质和道德素养都内化于心，所达到的德育效果极其深远。而这一部分的德育实践就属于隐性教育的一部分。

专家学者们从不同的视角提出德育实践途径的理论构架和实施方案，综合起来，较多人认为高校德育实践主要包括以下三种途径：第一，以课程教学为载体的课程德育；第二，以校园文化为载体的文化德育；第三，以管理服务为载体的管理育人。其中第二、三种途径都是属于学生工作的范畴。

以第三种途径以——管理服务为载体的管理育人为例，高校的管理是高校人才培养体系中非常重要的一个部分，在高校德育实践过程中，学校对学生的管理和服务过程也包含着深刻的德育价值。高校管理育人的主体应该包括学校各单位和组织、教职员工群体、学生群体等。不同的管理过程管理主体则不同，比如在学校后勤保障、教务服务等综合管理过程中，学校的单位和教职员工就是管理的主体，而在部分学生事务管理中，通过信息化的手段学生进行自助服务和自我管理的过程中，学生自己就是管理的主体。高校管理育人的主要内容包括了学生的政治素养、道德品质、文明礼仪等在内的所有高校德育内容，这些德育的内容在高校管理服务的过程中得以实现，高校德育实践中管理和服务从育人的角度来讲应该是一体的，是相辅相成而不是割裂开来的，管理和服务遍布学生学习、生活的整个时间和空间。因此，管理和服务是高校实践育人的重要途径和载体，是学校"三全育人"的重要组成部分。

例如，学校可以坚持"以生为本"的办学理念，以信息化驱动学校综合改革与发展，加大互联网基础硬件设施建设，积极探索和创新"互联网+管理服务"的高校学生教育管理服务模式，使互联网管理服务成为高校开展大学生德育的有效载体，凸显信息化服务特色，教育和引导学生全面发展。这就是德育实践教育体系一体化建设的有效体现。如建设好"一站式"新生网络自主报到系统，简化学生报到程序；建设好"智慧学工"等学工系统，信息化管理学生。学校运用互联网技术用网络工具代替纸介质工具、用自助服务代替人工管理，对学生事务管理服务进行流程再造，实现学生日常管理从"多层级"管理模式向"扁平化"管理模式转变，嵌入式地融进网络思想政治教育。便捷化、人性化的信息管理模式，实现管理者用网络语言、网络工具与学生沟通，用网络数据、网络工具来分析学生思想和行为变化，用网络平台和网络空间去教育引导学生，在信息化管理中实现"管理育人"的创新。这样可以让学生从入校时便充分体会到大学的人文关怀，提升大学生对学校教育管理、校园文化、社会主义核心价值观的体验和认知。

  在学生工作的思想政治教育中，由于理论通过蕴藏着丰富思想政治教育内容的各种载体来实现，受教育者不会意识到，或者不会明显意识到其中的思想政治教育的内容。即使意识到了，也会由于思想政治教育内容仅是所参与社会实践活动的一部分，并且是该实践活动的有机组成部分，出于对所参与社会实践活动的兴趣，自然而然地接受这一部分内容。比如，尽管社会实践、心理健康咨询、人际关系处理、职业规划和文化生活等活动中都蕴藏着丰富的思想政治教育的内容，但受教育者在参与这些活动的过程中，并不认为自己是在接受思想政治教育。解决这些方面存在的问题，不仅能解决问题本身，还能促进受教育者的思想品德在潜移默化中形成和发展。[5]例如，在学校，辅导员主要不是通过理论灌输思想政治理论，进行教育，而是通过在日常的工作、生活、学习中所体现的思想品德发挥德育教育的作用。在学生工作中，时空条件及其他条件的限制相对较少，受教育者的主体性通常都会得到比较充分的发挥，从而能自主地吸收所参与社会实践活动中所蕴藏的教育内容。这时教育者虽然以相应活动的参与者、组织者、引导者、辅助者的身份出现，但仍然是实质教育者。

【第三章】
学生工作的载体概述

第一节 学生工作育人的内容概述

　　学生工作育人的内容应该有哪些呢？要回答这个问题，我们应该首先从学生工作的内容着手。学生工作包含的内容也就应该是学生工作育人的内容。那么学生工作包含哪些内容呢？具体来看，如前所述，学生工作包含两个子系统：一是思想政治教育子系统，包含学生思想政治教育、党团教育、道德教育、法制教育等，重点应该关注主流价值观、道德观、民族文化、多元文化等对大学生成长、成才的影响；二是学生事务管理子系统，重点关注高等教育自身法制对学生成长的影响和学生事务管理专业化的规律。所以学生工作育人的主要内容也应该是这些内容，不过同课堂教学相比，在方式、方法上应该是不同的，载体上也有所区别。例如，学生工作育人的内容上有一个十分重要的内容是学生的思想政治教育，但学生工作育人的思想政治教育实践方式和课堂灌输实践方式大不相同。学生工作主要通过日常思想教育来熏陶和渗透，通过开展一些实践活动，例如毕业典礼、志愿服务等一些来实现思想政治教育。在教育内容上，也与课堂教育多是理论教育不同，在学生工作的思想教育内容上更注重信仰教育，如理想信念的教育、民族精神的教育等，对课堂教育形成有利的补充。

　　一般来讲，学生工作育人模式的内容主要有两个大的方面。一方面就是学生的思想政治教育，主要内容和方式体现在：（1）日常思想政治教育，主要包括理想信念教育、民族精神教育、公民道德教育、学生素质教育；（2）学生党团学组织建设，主要包括学生党组织建设、团组织建设、学生会和学生社团建设等；（3）学风建设，主要包括引导学生明确学习目的、把握学习方法、激发学习兴趣、遵守学习纪律等；（4）校园文化建设，校园文化在学生思想政治教育中发挥重要的熏陶作用；（5）学生网络文化建设，现在的学生是在网络上成长起来的一代，网络文化对学生有重要的影响，建设清朗的网络空间对学生的思想教育至关重要；（6）班风建设，班级是学生学习、生活的主要环境，一个拥有良好班风的班级对学生的成长影响深远；（7）社会实践，社会实践是大学生思想政治教育的重要环节。

另一方面就是学生的事务性管理，主要内容包括：（1）学生的日常管理，即对学生的奖励和处罚、宿舍管理等。（2）学生资助管理，即在工作中要注意资助与育人相结合、资助与励志相结合等。（3）学生心理健康教育，即在工作中要注意开展普及教育和重点个体的咨询教育。（4）职业生涯规划和就业指导工作。随着大学教育由精英化转向大众化，大学生在求职的过程中普遍会遇到困难感到迷茫，因此在工作中要注意对大学生的职业生涯规划进行指导，在具体就业过程中提供帮助。以上就是学生工作育人的主要内容。

在应用转型背景下，学生工作的侧重点也要有变化。要从以制度为依据、以控制为准则的传统学生管理理念向以学生为本、以服务为宗旨转变；从学生的"管理者"角色向教育与学习的"服务者"角色转变。转型背景下的高校学生工作的重心不只是一般性的，诸如学籍管理、学生行为守则等内容，还要注意学生的心理辅导、专业认同、实习指导、就业规划、网络规范等内容，这些内容应该纳入学生工作内容中。学生工作也要思考如何转型。例如，思考学生工作怎样适应转型成功、如何面对转型中的困难、如何通过学生工作促进院校转型等。高校学生工作牵涉每一位学生的适应问题、课堂学习问题、就业发展问题，也是学生应用技术培养的有利补充，是高等院校转型的基础性环节。同时，每一次反思与交流都是一种进步，高校学生管理工作也应从学生特点、制度保障、活动促进等方面对高校的转型提出具有建设性的意见。立足学生发展、反思自身建设、推进院校转型是高校学生工作应努力完成的职责。

第二节 学生工作育人载体概述

"载体"最早是化学领域里的一个科学术语,后来被广泛运用于科学技术的各个领域。它的基本含义可概括为"某些能传递或运载其他物质的物质"。随着科学的综合化发展,该概念又被引入社会科学领域,一般指的是"承载知识和信息的物质形体"。"载体"被引入思想政治教育领域是在20世纪90年代,自此有了"思想政治教育载体"这一新概念。[13]蕴藏思想政治教育内容,并被用来进行思想政治教育的就是思想政治教育的各种载体。那么学生工作育人载体的概念也可由此得出,只不过学生工作内容比思想政治教育的内容更宽泛。载体建设是学生工作的一项重要内容,学生工作内容的落实、活动的开展和任务的完成,都离不开一定的载体。由于不同学生工作载体的特点各异,所承载的信息量大小以及载体的覆盖面不同,都会影响到学生工作的效果。加强高校学生工作载体建设的了解,对于提高学生工作效率,提高育人成效,都具有重要意义。

学生工作育人模式的载体应包括诸如校园文化、校园环境、学生工作者人格魅力、社会活动等,它们通过渗透、暗示、熏陶、感染等,发挥潜移默化、施教无痕的功能作用。高校学生工作内容宽泛,载体多种多样,分布很广。如何对其分门别类,不同的学者撰文提出了各自的主张。根据功能不同,将高校学生工作常用载体主要分成以下五类,下分别介绍。

一、教育者个人素质

这里说的是教育工作者,而不仅仅是教师。因为从"全员育人"和"全过程育人"的理念要求看,服务高校,从事管理与后勤人员的工作作风、服务态度等职业操守也具有感染力,亦能起到隐性育人载体的作用。从学生工作育人的角度说,教育者主要是指从事学生工作的教育者,在实践工作中主要指辅导员、班主任、学团工作人员等。

在教育工作中，教育者的职责不仅仅是传道授业解惑，还应该是道德高尚、乐观积极的心态、理智、稳重等方面的典范。这时，教育者本身的人格品行是最主要、最重要的载体。在受教育者的心目中，教育者往往是做人做事的楷模。据一些调查显示，大学毕业较长一段的时间后，学生往往对授课内容的记忆相对模糊，但却对一些生活中有接触的教师（教育者）表现出来的有关情感方式、纪律观念等具体行为仍记忆深刻。所以，教育者良好的示范作用是"无字的教科书"，其高尚的人格品位容易为受教育者认识、赞赏并效仿，影响深远。具体地说，教育工作者对受教育者成长的影响主要表现在两个方面：一是教育者自身的人格品行的影响，这是一种耳濡目染、潜移默化的影响。一位优秀的教育者，他的品行、理想信念、价值取向、生活态度、敬业操守，甚至外貌、穿衣风格都会在不经意间影响受教育者，在受教育者身上留下印记。二是教育者行为处事方式的影响。通常，教育者的言行会在不知不觉中对受教育者产生影响，受教育者往往会注意教育者在日常生活中如何处理面临的事务，特别是受教育者在生活中也面临各种事务时。例如，学生工作者在日常工作中，对学生奖勤助贷等与学生利益息息相关的事务的处理，对于学生的影响非常重大。所以教育者的处事方式会对受教育者产生重要的影响。因此，教育者在工作中的个人素质非常重要，是学生工作隐性育人的重要载体。

那么，从学生工作者的角度来说，学生工作者，尤其是辅导员应该具备哪些职业素质呢？主要应该具备政治素质、业务素质和道德素质。其中政治素质是前提，业务素质是基础，道德素质是关键，环环相扣，缺一不可。[14]辅导员的政治素质是指辅导员要具备坚定的政治立场、较强的政治原则和较高的政治觉悟。坚定的政治立场是指在工作中辅导员要认真学习党的理论、路线、方针、政策，要认同中国特色社会主义道路的合理性、合法性和优越性，认同坚持中国共产党领导地位和执政地位的必要性和重要性，认同党对高等教育的领导，要有坚定的政治立场，与党中央保持一致，服务国家和高校的大局，服务人才培养的大局。较强的政治原则是指辅导员要政治立场坚定，要会应用政治原则来武装自己的头脑，要会解决实际问题。比如会用政治原则把握实际情况，及时抵制影响学生的不良思潮和认识，及时化解大学生对党和国家的不良情绪，有效引导大学生形成对党和国家的正面认识，有效引导大学生将个人命运和国家发展有机结合起来，做到个人发展和国家进步相得益彰。辅导员还要具备较高的政治觉悟，自己主动学习有关理论，在工作中要做到理论联系实际，有效解决大学生的思想症结和理论困惑。辅导员的业务素质包括文化修养、教育能力、管理能力、服务能力。从文化修养来说，辅导员作为高校教师的一员，本身就需要相当程度的知识水平，必须具备基本的科学素养和人文素养。从教育能力看，辅导员作为学生工作隐性育人的主要教育者，本身就要求具备明显的教育功能。辅导员要会因人施教，指导大学生的思想，开导大学生的困惑。例如，在工作中要引导学生树立正确的就业观、择业观，要充分利用重大节日、重大活动适宜地进行爱国、爱校的思想教育，将教育渗透到大学生日常的生活和成长的全过程。管理能力，学生工作的隐性教育要求学生工作者主要是辅导员要能通过对学生事务的管理育人，要能通过对学生的管理进行隐性教育。例如在工作中，辅导员要具备沟通协调的能力，具备亲和力，能够结合学生的实际情况，在坚持原则的前提下，做好管理工作，提高管理效率。服务能力，目前的教育理念决定了辅导员要以学生为本，在实际工作中为大学生成长、成才提供服务，在琐碎的事务工作中贯穿服务的理念，引导大学生自我管理、自我服务，做好育人工作。辅导员的道德素质是指辅导员在工作中要有爱心、责任心、耐心等。辅导员在工作中要有爱心，要爱岗敬业。在工作中要有责任心，要对学生负责，在日常思想政治教育和事务工作中做好育人工作。在工作中对待学生要有耐心，在学生有问题时，要耐心地对学生解释，态度要亲和，不能不耐烦。

在应用型本科转型建设中，人才培养取向的特殊要求，对学生工作者的要求随之提高。在教学上，应用型本科教师发展取向是双师型，要求知识与能力并重，既重视基础知识，[15-16]教师专业技能水准高，还具备一定的生产组织经营能力。在实际工作中，学生工作管理者不仅要懂传统的知识，还得提高自己应用知识的学习积累，也要重视综合问题解决能力、实用技能的培养与提高，为方便开展工作，也要懂得生产纪律与规范，了解劳动保护与安全，熟悉企业文化与职场伦理。学生工作在新形势下，要具备更广的知识面，比如要了解职业文化，职业生涯规划、心理健康等知识。要学会通过职业生涯、心理咨询等专业知识解决学生的实际困难，从解决学生实际困难的现实入手，帮助学生建立正确的"三观"，把学生的思想引到正确的方向上来。

综上，高校教育工作者的综合素质，如学生工作者的职业素质、敬业精神乃至思想观念、为人处世方式都会对学生产生影响，所以教育工作者的素质，在学生工作中是重要的载体。因此在工作中，我们要加强对教育工作者素质的培养和提升。

二、校园文化

中共中央、国务院将《关于进一步加强和改进大学生思想政治教育的意见》作为新时期大学生思想政治工作的纲领性文件，提出要把"大力建设校园文化"作为"努力拓展新形势下大学生思想政治教育的有效途径"之一，"校园文化建设已经成为我国实施科教兴国、人才强国战略的重要组成部分"。校园文化是学生工作育人模式的一个重要载体。

高校校园文化是学校所具有的特定的精神环境和文化氛围，是整个人类文化的有机组成部分，是一种亚文化，具有文化品质的普遍特征。校园文化包括三种形态。第一种形态称为物质文化也称浅层文化，是指校园实践中所创造或使用的，能体现出自身某种价值、信仰，又为人们感官直接触及的客观实在物。校园物质文化主要包括文化设施、校园景观以及校园绿化等。这部分物质文化载体建设应立足现实，着眼未来，着力于校园优美环境的建设，不仅如此，它还应当强调人与环境的和谐、共性与个性的统一，营造良好的育人环境。第二种形态是制度文化，这是校园文化中的中层形态，是保证学校与外界、学校内部各项活动正常进行的有效机制。学校的规章制度不仅是规范人们思想行为的手段，也是积极引导人、服务人、发展人的指南。制度文化建设应从三个方面着手：第一，不断完善和健全规章制度，不合时宜的规章制度要及时废除，没能覆盖的内容或范围亦应与时俱进地予以健全或完善修正（如校园网络管理、大学生婚恋规范制度等），使学校各项工作有章可循，依法治校；第二，制度内容上既要有严格的规范，也要坚持"以人为本"，体现人本精神，以人格化而非"权力化"适应受教育者的心理特征，满足其内在要求，使受教育者普遍认同并自觉遵守；第三，规章制度的执行上要坚持依法办事，注重公开透明、公正公平，诸如评奖评优、研究生推免、违纪违规处理等，要做到对受教育者不产生负面影响，切实起到管理规范人、激励教育人的作用。总之，良好的制度能够促进良好校风、学风的形成和巩固，同时，学校的各项制度的完善、建立、执行也能够培养学生的规则意识。制度文化载体的有效建立有利于保证校园文化的健康、有序发展，培养和推动学生素质的全面发展。反之，如果学校的制度文化建立得不好，则学校容易纪律涣散、秩序混乱，会影响到师生员工的精神面貌、思想状况，尤其给学生的成长带来消极影响。第三种形态是精神文化。这是校园文化的深层形态，是指学校全体人员的意识思维活动和一般心理状态的总和，主要包括学校精神、办学思想、文化氛围、价值观念等，是校园文化的核心内容。作为一种软文化，校园文化在隐性育人中具有导向和保证作用，在当今时代，重视和强化校园精神文化在加强和改进大学生思想政治教育中的积极作用显得十分重要。其中，校园风气是校园精神文化的重要体现，关乎着学校建设与发展的精神力量的强弱。校园风气具有极为重要的感染熏陶、调节约束和推动促进功能，能直接影响师生员工的思想与行为。校园风气主要由校风、教风、学风来体现，三者之间存在着从属关系。一所学校的校风好，教风、学风亦好；同样，如果教风优良、学风端正，则自然形成优良的校风。由此，务必采取各种有效措施，着力抓好教风、学风建设，进而合力推进优良校风建设。

　　校园文化的三种形态，物质文化是基础，制度文化是保障，精神文化起决定性的作用，是校园文化的核心和灵魂，制约着校园文化的品位和高度。在开展学生工作的时候，为了建设良好的校园文化，应当充分利用校园文化活动的多样性、内容的生活化与针对性、参与的自主性与愉悦性等特点，精心策划、组织广大师生踊跃参加健康、高雅的校园文化活动，达到寓思想政治教育于活动之中的目的。同时在活动中尤其应该注意增强科技文化和人文精神的渗透，把学校的校园文化精髓潜移默化地渗透到师生中间。

三、活动实践

　　活动载体最易获得受教育者的喜爱。其符合年轻人的特点和心理，加上形式丰富多样，能激发增强年轻人的兴趣，因而具有很强的吸引力。根据学校常见的学生活动，这里把活动载体划分为四类：一是社会实践型，包括社会调查、志愿服务、公益活动、勤工助学、参与节庆及重要历史事件纪念等。学生工作者通过学生工作对大学生开展德育教育，但是这些理论知识最终都只有通过实践才能让大学生感悟，才会让他们在实际生活中学会应用，最终内化，因此社会实践是学生工作的重要载体。在实际工作中，通过社会实践开展育人工作，需要注意如下几点：第一，选择合适的社会实践活动。社会实践活动形式多样，应根据学生的实际情况和具体的教育目的来设计教育内容及实践的形式。第二，开展社会实践活动要坚持不懈、持之以恒。学校应该形成良好的开展社会实践的制度，把一些经典的社会实践活动例如"暑期三下乡"等固定下来，组织学生经常参加，让学生在不断重复的实践活动中不断巩固、不断提高，最终形成良好的思想品德及行为习惯。第三，学校要自觉地对社会实践活动进行引导。由于社会实践本身的丰富性和复杂性，因此在社会实践活动中，学生在受到积极影响的同时也有可能会受到消极的影响。因此，通过社会实践活动开展德育教育时，需要对社会实践教育活动进行精心选择，并根据活动实时呈现的情况以及学生实际的认识情况进行正确的引导。二是素质拓展型，包括军训、素质拓展训练、科技活动、学科竞赛、"挑战杯"赛、创新创业训练等，这类活动主要目的是对学生素质进行拓展。组织这类活动的时候要注意活动的开展要有重点，目标要清晰；要把学生的专业和素质拓展有机地结合起来，在进行德育的同时提升学生的专业素养，培养学生的专业兴趣。可以以各种学科竞赛为依托，做到效率高，出成效，组织这种活动切忌搞形式主义、形式大于内容或只有热闹，只有表面的功夫，没有活动深度。三是学生活动，主要是一些社团活动，如读书会、诗社、书画社、英语沙龙、茶艺研讨等，这是学校最常见的一种德育教育的形式了。在组织这种活动的时候，应该有创新精神，注意活动的组织形式要有新意，要结合学生特点，要是学生喜闻乐见的。在内容上要紧跟德育教育的内容，要根据内容设计好活动，不能让学生感到厌烦。四是参观游览型,包括参观博物馆与纪念馆、红色旅游、郊外踏青等。组织这类活动时首先要考虑学生的安全。其次要具备创新精神,要深入思考,把活动与教育内容、教学目标深度地融合,认真设计参观的地点、路线等,做到教育效果最大化。以组织红色旅游为例,在实践中发现,在红色旅游中如果设置体验环节,效果要比不设置体验环节好。在红色旅游中,加入"穿红军服、唱红军歌、吃红军饭、走红军路"等能使学生体验当年某些真实状况的环节,能提升教育效果。另外,在组织红色旅游时,要注意与周围环境或其他资源相结合。将红色旅游资源与周围环境或其他资源相结合,一定程度上可以增强红色旅游的整体效果。如果红色旅游资源周围的条件比较好,可以促使、引导学生进行比较,从而使其更深切地体会到革命前辈的艰苦奋斗;如果红色旅游资源周围的存在其他旅游景观,可以一并游览,进而增加对祖国大好河山的认识。不要将红色旅游搞成现场报告会,最好是能营造出自我启发的教育氛围。这样才能真正达到"游中学、学中游","寓教于游、润心无声"的效果。

总之,活动载体主要包含着四种形式,在工作中,我们要把握好这些形式之间的区别和联系,针对不同的载体要有不同的活动组织,开展好这些活动。具体来说:第一,要制订详实的总体活动计划,合理安排,不能随心所欲,不能冲击正常的教学秩序,不能占用教学时间;第二,在内容安排上,既要考虑与显性思想政治教育相匹配,又要兼顾受教育者学习周期中每个学期的安排;第三要因地制宜,充分挖掘学校自身和地方资源;第四要注重成本节约;第五要注意安全,有防范处理预案;第六要学会总结提高。

四、网络文化载体

1969年美国军用实验阿帕网的诞生,标志着互联网的开始。到今天,计算机网络的应用已经极其普遍,现在的学生被称为网络上成长起来的一代,使用网络查找资料、娱乐、交友已经是目前大学生的生活常态,所以,进行大学生网络文化建设、利用大学生网络文化对学生进行隐性德育教育是一种必然的趋势。抢占网络阵地、建设网络道德、净化网络环境，是德育工作的一个重要内容。

这里的网络文化不是指单纯的网站建设，而是指以多媒体技术和网络技术为基础，以文本、声音、图像、动画以及把这些媒体结合在一起的超媒体技术等为载体传播的文化。这里分两部分来看网络文化载体。一部分是网站建设，目前网络信息已经是大学生获得信息的主要途径，所以要加强网站建设。学校各个二级学院、职能部门都要做好网站建设工作。一方面要注意网络信息更新，另一方面要加强网络文化的主题教育。多开展健康网络宣传活动，在官网上多宣传正能量，另外要对网站管理进行合理的监督，对不健康的信息要及时干预。另一部分是发展新媒体建设，包括学校贴吧、微博、微信、qq、易班，甚至B站、抖音等。这些新媒体和传统网站相比，交互性更强，学生更喜欢。做学生思想工作，要秉着"学生在哪里，我们就要去哪里"的精神，把德育教育做到这些地方。在实际工作中，要经常关注学校的贴吧，查看学生关注、谈论的话题，对贴吧中积极的思想要推广发扬，对消极的思想要及时加以正面引导，反映的问题要核查解决，不实的言论要溯源辟谣。在工作中，要建立起新媒体矩阵，针对不同的新媒体特点、不同的受众爱好，有针对性地建立相应的内容。同时，要注意引导网络虚拟群体，现在的大学生可能因为有共同的爱好、价值观等原因在社区形成一些虚拟群体，我们在工作中要善于引导这些虚拟群体，关注一些网络上的意见领袖，要积极引导这些虚拟社区，引导他们建立正确的"三观"，积极和意见领袖沟通，利用意见领袖在网络上的影响力进行德育教育。注意通过技术手段预测网络上的舆论走势，抢先利用网络制造正能量话题，化被动为主动。同时要注意开发一些适合新媒体教育的材料，如内容幽默又有教育意义的短视频，生动活泼又有爱国主义内涵的漫画等。这些内容学生喜闻乐见，在学生中传播度比较高，广受学生欢迎，学生又在观看的过程中潜移默化接受了德育教育，是一种不错的教育方法。

网络文化建设是一项复杂的系统工程，并且发展十分迅速，在工作中必须加强对网络文化的重视，在网络空间营造一个健康、安全、有序、充满活力的文明网络环境，让学生能在这里潜移默化地接受教育。

五、咨询辅导

在中国古代"咨"与"询"是分开的，咨是商量，询是询问。后来逐渐演化成一个概念，表达征求意见的含义。辅导，表达的是帮助和指导的含义。咨询辅导合起来则指就某一问题向专业人士征求意见，专业人士根据自己有关的知识和经验为其提供帮助并给予指导，从而使问题得到解决的活动。在高校的学生工作隐性育人环节中，咨询辅导主要体现为心理咨询和就业指导两个方面。

（一）心理咨询

教育部、卫生部、共青团中央《关于进一步加强和改进大学生心理健康教育的意见》明确提出构建心理咨询与大学生思想政治教育结合的机制，以增强思想政治教育的有效性。另外，在学生工作的范畴中有管理、服务这个工作内容。从学生工作的角度看，管理是通过规章制度约束、引导学生的行为，促进学生的行为向社会规范认可的方向发展，主要包括学籍管理、行为管理、奖惩、评价等；服务是通过创造一定的条件，解决学生在学习、生活过程中遇到的实际问题，帮助学生健康成才，主要包括提供心理咨询、就业指导、困难学生资助和组织勤工助学活动等。因此从帮助学生全面成长、成才的角度，我们也应该做好心理咨询工作。

从目前的工作实际来看，要搭建好心理咨询平台，第一，应该要加强对心理咨询的宣传和普及工作。心理咨询工作在目前的高校来看，在大学生中的普及程度还有待提高。许多大学生对心理健康及心理咨询知识并不了解。他们碰到心理问题，有积极调整的，也有通过上网、买书查找并试图调整的，也有憋在心里的。事实上，他们其中一些人是需要心理咨询的，但是由于不了解心理咨询，不了解心理咨询中心，因此不会到学校心理咨询中心，无法得到正规的心理咨询，更无法在心理咨询师的帮助下，走出心理困境。针对这种情况，除了加强显性教育，加强大学生心理健康公共课程的教学外，还应该多开展一些科普活动。例如，利用"5·25"大学生心理健康日的契机，多开展一些学生喜闻乐见的活动，让学生了解心理咨询，了解学校提供的心理咨询服务。另外，要利用网络平台，创造性地开展心理咨询服务。例如，利用网络新媒体科普心理学知识，把大学生常见的一些心理困惑做成科普小视频等新颖的形式，科普大学生心理知识，帮助学生健康成长。又比如，完善心理咨询服务，不仅提供电话预约，还可以提供网上预约、进行网上简单的心理咨询等服务。

总之，我们要普及心理健康教育，完善心理咨询服务。

（二）就业指导

就业指导，是指根据社会职业需要针对人们的个人特点以及社会与家庭环境等条件，引导他们较为恰当地进行职业定向、选择劳动岗位或者转到新的职业领域的社会活动。就业指导是沟通求职者和用人单位、教育部门和社会的有效途径。一个完整的择业、就业过程至少应该包括了解就业政策、收集就业信息、自我分析、确定就业目标、准备材料、投递材料、参加笔试、面试、走上岗位等环节。

学生工作者在就业指导上应该做好以下工作：第一，提供并帮助大学生了解相关就业政策例如，关于大学生村官考试的一些相关信息等。第二，帮助择业的大学生充分了解自己的个性特点。例如，帮助大学生分析自己的性格特点、知识结构、能力等，让他们能对自己有全面、客观、理性的认识。第三，帮助择业的大学生了解社会不同职业的岗位需求。例如职业的分类、岗位的内容、岗位对知识和能力的要求等。第四，帮助择业的大学生根据自己的个性特点、兴趣爱好选择适合自身的职业。第五，深入了解学生的长处、就业兴趣等，有合适的职位时能在第一时间推荐。第六，帮助学生做好简历。第七，对因自身条件困难或家庭条件困难而致就业困难的学生要重点关注，尽量帮助这些学生完成就业。

就业指导一方面能解决学生的具体困难，另一方面能帮助毕业生选择正确的职业道路。因此，可以说，就业指导是思想政治教育中理想信念教育与职业道德教育在职业领域的具体化体现。作为学生工作者，做好就业指导要注意：第一，应该学好职业生涯规划、就业指导等基础知识。职业生涯规划、就业指导是一门专业的学科，从事就业指导工作的教师应该好好学习这门课程，吃透相关理论，才有可能在实际工作中将理论联系实际，做好工作。第二，就业指导应全程化。所谓就业指导全程化，是指就业指导应贯穿学生从入校到毕业的全过程，并在相应阶段，给予相应的指导。在大学一、二年级，应为学生提供全面的职业倾向测试，提供职业规划课程并积极引导学生投身社会实践。通过职业倾向测试，使大学生对自己形成比较明确的认识。通过职业规划课，为学生初步指明职业方向。至于社会实践，可以引导学生利用寒暑假到有关单位实习，使学生能对社会职业有初步的了解。到了大三，引导学生不断提高自身的职业素质，如实践动手能力、创新能力和人际交往能力等。进入大四，则主要着重就业形势，就业政策，就业程序、方法和技巧的指导。这样，通过全程化、系统性的就业指导，帮助大学生对自身条件、社会条件进行综合考虑，引导他们正确地选择职业目标，设计符合个人实际同时又符合社会发展趋势的合理的职业规划，以积极的人生态度迎接新的生活。

【第四章】
学习指导育人实践

学习是大学生的主要任务，是大学生全面成长成才的重要途径。学习指导是指学校相关人员对学生在学习活动中的各种问题进行辅导[17]，其根本任务是引导学生掌握科学的学习方法，激发学生的学习动力，从而提高学生的学习效率和学习质量。对大学生进行学习指导不仅是专业教师的任务，也是学生工作者隐性育人的重要工作之一，是高校辅导员的重要任务之一。

第一节 学风建设

一、学风建设概述

关于学风的定义，不同的学者由于研究角度不同，有不同的解释。一般来讲学风的概念有广义和狭义之分。从广义上讲，学风就是学习的风气。它既包括学校的学风，也包括学术界的学风，还包括其他一切与学习活动有关的风气。从狭义上讲，学风是指学生在学习过程中形成的一种心理倾向和习惯。我们这里论述的学风是狭义上的概念。良好的学风，关系着中国高等教育的整体质量，是实现人才培养的一个重要途径，良好的学风具有巨大的精神力量，可以熏陶和感染学生，因此我们在实际工作中要重视学风建设。

学风建设是一个长期工程，学生工作者应该要常抓不懈。学风建设主要解决为什么要学习和如何学习两大关键问题。首先，我们来看如何解决为什么要学习的问题。在实际工作中，很多学生在上大学之前，目标明确——考上大学。然而，当这些学生经过残酷的、长期艰难的学习，参加完高考，考上大学之后，多年来的目标突然不见了，一些学生不能及时重新树立目标，以致大学生活十分迷茫。这个时候，作为辅导员，适时适当的干预很重要。

如何帮助学生树立目标呢？第一，可以从大学的学习特点着手。让学生知道大学和高中是不同的，大学的学习具有专业性和领域指向性强的特点。进入大学后，学生要从高中那种由老师主导的被动学习转化成自主学习，知识内容也比高中丰富，而且知识结构也从高中的普及性知识学习转为专业领域的学习，因此大学的很多学习内容都与专业发展有关。对新生的专业教育非常重要。专业理解不透彻、专业方向不清、专业适应性不良、专业调剂不满，都有可能造成学生学习目的不明确。因此，在工作中，辅导员要结合学院的特点，结合学生的特点，在新生进校时，就要配合专业教师对学生做好专业辅导，让学生了解所学专业。同时，要加强理想信念教育，引导学生把自己的专业与自己的理想很好地结合起来，进一步让学生明确学习动力。第二，在工作中要想办法提高学生的学习兴趣，毕竟兴趣是最好的老师。辅导员要多在学习观念和学习实践等方面给予指导，让学生对学习产生兴趣。第三，平时要多关注对自己所学不感兴趣的学生，尽可能使学生有机会选择自己感兴趣的专业。

对于学风建设中的"如何学习"的部分，辅导员也要重视。在平时的工作中要重视对学生学习方法的指导。大学的教育学习和中学的教育学习有较大的区别。在中学，为了应对高考，教师往往满堂灌，学生在学习过程中多数时候都是被动的，而大学主要靠学生的自主学习，教师在课堂上只讲重点、难点，介绍学科发展的最新成果等，大量的时间是留给学生自己的，这就要求学生一定要有自主学习的能力。要指导学生在课余时间学会自主学习，辅助学生学习方法的改进和完善。辅导员要在学生进入大学后及时给予学生学习方法的指导。要让学生一进学校就能初步感受到大学和中学学习方法上的差异。指导学生学会时间管理，学会自主学习，让学生明白要学会利用课余时间自学。另外，要让学生理解"合作学习"，大学的课程学习与中学不一样，和中学相比，大学课程还包含课程实验、科技制作、社会调查、专业实习等内容。这些课程往往要以小组形式合作完成，每一个人在小组中承担一定的任务，这就要求学生要有"合作学习"的能力，搞好团队合作。然后，辅导员还应该教会学生利用学校学习资源。辅导员要在新生入学时，带学生参观图书馆，鼓励学生参加图书馆使用的相关培训，使学生对图书馆馆藏情况、图书馆分类、借阅手续等有基本的了解，学会使用图书馆资源，不仅如此，还要教会学生使用互联网上丰富的教学资源，以及鼓励学生多听讲座。讲座可以让学生在短时间内获得更多的知识和信息，同时有机会与演讲人进行思想交流，是增长知识、开阔眼界的好机会，学生应该好好把握。

学风建设是促进学生全面成长、成材的需求，高校要不断加强学风建设，为学生的成长、成材营造良好的育人环境，促进大学生的健康成长和综合素质的全面提高。

二、学风建设的基本方法

优良的学风不是自发形成的，但是我们可以通过多方努力，营造良好的学风。

（一）以班风建设为依托，营造良好的学习氛围

学生经常是以班级为单位在一起上课，因此，如果班级有良好的学习氛围，那对于良好的学风形成就具有潜移默化的作用，这是一件十分有利的事情。而良好的学习氛围对学习者形成良好学风的作用方式有三种：感染、熏陶、激励。感染是指个体或集体的思想、语言、行为引起共鸣，使他人或另外的集体具有相同的思想感情。熏陶是指个体或集体的思想、行为、习惯、品行、风气成为示范，使他人或另外的集体积极地模仿。激励是以语言、行为、制度、荣誉等对个人或集体进行激发与鼓励，使其产生预期的效果。

故而，我们应该努力让班级具有良好的学习氛围。那么该如何做呢？（1）在班上应该首先抓好班干部的学习动力问题。班级良好学习氛围的营造，班干部的作用非常重要。因此，辅导员和班主任要重视班干部的

作用。首先,要让班干部意识到学习的重要性,让班干部先解决为什么要学习的问题,让班干部以身作则,平时就努力学习、热爱学习、认真学习。如果班干部能解决学习问题,那么班级学习氛围的营造就成功了一半。(2)与日常思想政治教育工作联系起来,结合理想信念教育,引导学生树立远大的理想和目标,引导学生把人生理想与学习目的有机结合起来,从而激发学习动力,进一步端正学习态度。学生教育工作的各个部分并不是割裂开来的,各个部分是有机的整体,在我们进行日常思想政治教育的时候,要把理想信念教育与日常的学习目标的教育结合起来,这样既对学生进行了思想教育,又让思想教育的内容落地而不空洞,是一个十分不错的教育方法。同时我们在教育的过程中要注意近景性动机与远景性动机的结合。近景性动机是指具体的、与学习活动直接相连的动机,如求职欲望、对某门学科的浓厚兴趣等引发的学习动机,也包括为了获得赞赏、奖励、避受惩罚等引发的学习动机;远景性动机是与社会和个人前途相联系的一系列学习动机,如理想,如为了对社会做出更多贡献而努力学习等间接的学习动力。另外,辅导员在做这些工作时,要注意时间节点,要抓住合适的时机。最好在新生刚入学时就要对学生进行这样的教育。例如,在新生入学时,就要安排专业教师把专业知识讲透,让学生深刻了解自己所学专业。引导学生既要有近景性动机,如对专业产生求知欲,又要有远景性动机,要能意识到自己的学习态度、学年成绩与个人的前途、理想相互联系。通过这些方法让学生明确学习目的。真正明确了学习目的后,学生学习态度自然端正,班上自然有了良好的学习氛围,这样的班级,学风也不会糟糕。(3)建立、健全鼓励学生勤奋学习的激励机制。一般来讲,学校、院系、班级都会有一套完善的激励机制。那么,从班风建设的角度看,班级一定要建设好鼓励学生勤奋学习的激励机制。这个机制一定要公平、公正,引导学生端正态度,让学习成绩优秀的学生能够受到激励。这个机制的目标导向要明确,就是要鼓励勤奋的好学生,要完善和健全这个机制,从而调动班上学生的学习积极性,营造比、赶、学的氛围,促使竞争态势的形成。(4)要关心和帮助学习困难的学生,形成互帮互助、团结友爱的良好氛围。首先,从辅导员和班主任的角度说,我们不能嫌弃学习困难的学生。大学生出现学习困难有比较多的原因,例如,不适应大学学习方式,基础较差，游戏成瘾，情感受挫，不会合理分配时间，有少数学生心理不健康，等等。针对这些情况，辅导员要具体情况具体分析。要与成绩困难的学生交心、谈心，了解他们学习困难的原因。让学生感受到教师的关心和温暖，树立学习的信心。其次，要想办法解决学生的实际困难，要有针对性地采取有效措施。例如，对因为家庭困难而兼职太多造成学习不好的学生，可以帮助他申请学校贫困补助，让学生能够有多一点的时间学习。最后，应该引导学生进行"一帮一"学习互助活动，让班上成绩好的学生给予帮助，有时候，来自朋辈的帮助，效果更好。以上就是以班风建设为依托，营造良好的学习氛围建议采取的措施。

（二）积极开展学习经验交流

大学的学习方法和高中有很大的不同，因此辅导员在实际工作中需要多开展学习经验交流活动。学生多学习他人的经验可以少走弯路，提高学习效率。而且，由于是朋辈提供的经验，学生会觉得十分亲切，比较容易接受。学习经验交流会常用的类型大致如下：（1）新老学生学习经验交流会。这个一般以院系为单位，在新生进入大学以后举行，选取成绩优秀、表现良好的高年级学生主讲，交流内容包括理想、学习方法、职业规划等学生比较关心的方面。（2）考研经验交流会。这个交流会一般在二、三年级举行，邀请本专业考取研究生的学生传授学习经验。受邀者要有代表性，学习成绩好的与学习成绩一般的，考取本专业的、考取其他专业的都要邀请，主要向有考研意向的学生传授考研经验。（3）优秀毕业生经验交流会。优秀毕业生在大学期间表现突出，应该将学习、生活经验传授给低年级学生，帮助低年级学生吸取经验，让更多的学生学习到优秀的经验，健康地成长。

除这些比较常见的交流会外，还可以举办一些更专业、针对性更强的交流会。例如，可以向喜欢学习外语的学生举办外语学习经验交流会，喜欢学科竞赛的学生举办学科竞赛经验交流会，喜欢学术科研的学生举办学术科研经验交流会，还可以专门针对学习困难的学生举办学习经验交流会，专门由朋辈学生向他们交流学习经验等情况。

辅导员在开展学习经验交流活动时，要注意一些问题，要尽量把活动开展好。第一，活动的组织问题。在工作中辅导员要始终贯彻学生自我管理、自我服务的主旨和思想，要让学生自己策划、自己组织。在这个过程中，辅导员要做好指导、服务的工作。第二，要做好活动的针对性工作。不能为了开展活动而进行活动。经验学习交流会的针对性是非常强的，所以在活动中我们要做好工作的针对性。针对性首先来自学生的主观愿望和客观需要。例如，要针对性地通知来参加交流会的学生，让有确切需求的学生参加学习，不要把没需求的学生拉来凑数，这样是没有效果的。其次，进行交流经验的学生与来学习的学生之间要存在相似性，要能够匹配，只有模仿的主体和客体在专业、学习水平、学习能力、学习情境等方面存在相似性才能产生交互作用，才能达到经验交流的目的。第三，要让学生明白经验的局限性。经验是有用的，但也是存在局限性的，经验不能完全套用，成功很多时候是不能复制的，学生要学会吸取经验，通过借鉴别人的成功经验，考虑自己的实际情况，辩证地看待自身的问题，同时结合自己的实际情况，不断努力，才有可能获得成功。以上是积极开展学习经验交流的一些方法。

（三）做好考风、考纪教育

学风建设的过程中，考风、考纪的教育是非常重要的一部分。学风建设离不开考风、考纪的建设，因此在我们的工作中要做好考风、考纪的教育。加强考风、考纪的教育，要和平时的日常思想教育中的诚信教育结合起来。这样诚信教育就有了根，落了地。诚信是大学生应该普遍遵守的一种基本的道德规范，然而，目前，少数大学生学习不认真，考试作弊现象屡禁不止。这种行为，败坏学风，破坏学校的教学秩序，更严重的是，会破坏大学生的思想道德素质。所以，我们要加强考风、考纪的教育。这样既是加强学风建设的有利方法，也是完善大学生人格的道德实践。

在考风、考纪的教育中，诚信考试的教育是非常重要，也是非常有意义的。第一，是继承和发扬中华民族传统美德的举措。诚信是中华民族的传统美德，人无信枉为人，学业无信不兴。在工作中要以考试为立脚点，对学生反复进行诚信教育，让学生必须树立诚信考试的信念。第二，是建设社会主义核心价值观的具体实践。"爱国、敬业、诚信、友善"是公民基本道德规范，是个人行为层面对社会主义核心价值观基本理念的凝练。诚信考试的教育，正是对社会主义核心价值观的具体实践。第三，是大学生健康成长的需要。大学生本该成为社会的楷模，然而，目前少数大学生存在不诚信的问题。具体表现为学业不诚信，经济往来不诚信等。实施诚信考试教育，能增强大学生的羞耻感，使他们既"成才"又"成人"。第四，是高校思想道德教育的一条新途径。高校的思想道德教育在教育方式、教育方法、教育手段上存在一些脱离实际的现象，进行诚信考试教育既是学风建设的需要，又是大学生思想道德教育的实践，使道德教育达到知行统一，寓教育于行动。

诚信考试的教育方法，教师可以通过开班会的形式，让学生自行组织、策划以诚信考试为主题的班会，以学生喜欢的形式进行，这样学生印象深刻、效果好，也可以开发网上形式，以更新颖的形式完成诚信考试教育。同时，学工部要改善技术，每个考场都要做好监控设备，并告知学生。完善奖惩制度，对于考试作弊的学生要严惩，对于考风良好的班级要给予表彰。奖惩旗帜鲜明，以此推动良好考风的形成，进而推动良好班风、学风的形成。

综上，在实际工作中，我们可以以班风建设为依托，营造良好的学习氛围；积极开展学习经验交流；做好考风、考纪教育，做好学风建设。学风建设是一项长久的工作，贵在坚持不懈。

第二节　学习指导育人实际应用

一、学习动力问题育人实际应用

在工作实际中，目前，会有部分学生出现学习不认真的现象，如逃课、上课玩手机、平时不学习考试才突击等情况。这些现象都属于学习动力不足、学习态度不端正。态度是人们对一定对象相对稳定、内部制约化的心理反应倾向，包括认知、情感、行为意向三个组成部分。[18]。所以，我们也可以从认知、情感和行为等三方面分析学生出现学习态度不端正的原因：

第一，学习动力不足，对学习的认知不正确。具体地说是学习者对于学习重要性的认知程度不足,包括为什么要学习、学习对于自己将来的发展有什么帮助,等等。学习的认知决定了一个人的学习态度,认知一旦产生偏差,态度就会受到影响。部分学生习惯了高中时候的被动学习方式,到了大学时期,随着自主时间的增多,人就变得自由散漫,没有意识到大学时期的学习方式、方法与高中是不同的,在大学阶段没有形成正确的学习认知。学习认知决定一个人的学习态度,认知一旦产生偏差,态度就会受到影响,进而影响到行为。会变得自由散漫,逐步形成懒散的学习态度。只有对学习有了正确的认知,例如认识到学习的重要性,学习者才能自觉主动地获取知识,否则就会出现消极倦怠、学习态度不端正的现象。

第二,对学习产生倦怠感。大学生学习倦怠是指大学生对学习没有兴趣或缺乏动力而又不得不为之,从而感到厌烦,产生身心俱疲并消极对待学习活动的心理状态。[19]心理学研究表明,人们的情感对态度的形成有紧密的联系。情感对学习者的态度来说,既有激励作用,又有抑制作用。如果学习者在学习中体会到愉悦的情感,那么就会激发起学习者认真学习的情绪;如果学习者对学习的情感体验不好,例如遇到了困难又没能解决等,那么就会对学习产生消极的情绪,进而产生对学习的倦怠感。

第三,其他外界的不良影响。例如,有些同学会被班上的其他同学的不良学习行为影响。人的行为倾向是行为产生的潜在因素,学习上的行为倾向包括学习者将以什么样的方式对待自己的学习、是否会受到外界环境的不良影响等。学习者产生一定的行为倾向之后,就会朝着倾向发展,学习态度也会受到影响。

帮助学生树立正确的学习动机,端正学习态度,有助于学生形成良好的世界观、人生观,这是学习教育隐性育人的重要任务,那么,如何实施呢?辅导员在工作中可以采取以下方法:

第一,引导学生正确认识学习动力,正确认知学习过程。除了帮助学生树立近景动机外,还要帮助学生树立远景动机,让学生形成持续的学习动力。学生的远景动机与确定远大志向、形成正确的世界观和价值观等都有密切的联系,这种动机一旦形成,具有较强的稳定性和持久性,不容易被偶然的事件改变。辅导员可以和专业老师配合,组织专业实践活动，让学生在专业实践的过程中建立起适合自身发展的长远目标，将学习动机与学习的社会意义和个人的前途、祖国的未来联系起来。当学生能真正认识学习动力后，行为就会有改进。因为思想是行动的指南。在学生对学习动力有了正确的认知后，辅导员要在学生的学习过程中多指导、多鼓励，让学生能够自觉反思，树立起端正的学习态度。

第二，激发学生学习的主动性。学生工作者要帮助学生实现学习观念的转变，让学生从被动学习向主动学习转变，让学习成为其人生追求和需要，从而更加主动、愉快地进行学习。[20-21]。有研究表明，提高学习的自主性和参与性可以降低学生厌学的情绪并且增加自我成就感，因此，我们可以让学生在学习的过程中多参与，多让学生感受到成就感，从而通过学习过程中的积极体验，消除倦怠感和不良情绪，激发学生对学习的积极态度。

第三，对学生提出具体而严格的学习纪律，从而建立良好的班风，进而有良好的学风。辅导员要在班上提出具体而严格的学习纪律。例如明确提出要求大家不能逃课，不能作弊，上课前会点名，控制课堂的学习状态等等。学习纪律是学习活动能够顺利开展的客观保证，如果一个班级的学习纪律良好，那么在班级中的个人也会受到这种熏陶和影响，便会端正学习态度。那么整个班级就会有良好的班风和学风了。

二、专业兴趣缺乏型问题育人实际应用

兴趣是最好的老师，学习兴趣浓厚的学生总能有较好的学习态度。但是在工作中，总是有学生因为缺乏专业兴趣而出现学习困难的情况，甚至面临退学的情况。导致学生缺乏学习兴趣的原因一般有如下几种情况：

第一，对自己所学专业理想化色彩浓厚，自身定位不准确。认知引导行为，认知的偏差必然导致行为的不当。高考填志愿时，一些学生并不真正理解所填报专业的情况，对专业有太多主观的、理想化的幻想，这种过高的期望值，导致学生在大学期间出现了专业理想化与自身定位不符的矛盾，结果出现了对专业学习缺乏兴趣的问题。

第二，对专业理论知识缺乏认同感，导致对专业知识缺乏兴趣。认同感，是指人对自我及周围环境有用或有价值的判断和评估。专业理论

体系是专业课学习过程中的重要学习内容，对专业体系不了解，盲目报考，上了大学才发现自己想象中的专业培养与实际专业培养的方向相违背，这样就造成了对专业的反感与抵触，兴趣和认同感的缺失会让学生自然而然地产生消极懈怠的情绪，那么，厌学、逃课便成一种必然现象。

第三，专业了解不充分，没有进行明确的职业生涯规划。对专业的了解是大学生形成专业兴趣的一个重要基础。如果大学生对专业了解不充分、对专业发展前景不认可、对专业就业前景不乐观，那么必然会对所学专业失望，缺乏兴趣，无心学习。一些学生在非常粗糙地了解所学专业后，就主观认为所学专业没有前途之后也不进一步了解所学专业，及时制定策略来调整自己，而是通过多种方法来逃避，进而出现厌学、学习态度不端正等情况。

综上，是我们常见的几种学习兴趣不浓厚的表现及原因。那么应该如何采取措施，提高学生的学习兴趣呢？学生学习兴趣的培养是一个长期的过程，要长期坚持不懈地努力，需要辅导员在学习生活中，不断引导学生，让学生逐步体会到学习是一件快乐的事情。在工作中辅导员可以尝试以下一些方法：

第一，培养专业兴趣。辅导员要帮助学生调整专业学习认知上的偏差，促进学生提高专业认同感。学生对专业知识有正确的认知，是培养学生学习兴趣的前提，也是形成持久学习兴趣的源泉。学习兴趣对学习起到重大的推动作用。辅导员可以采取多种多样的方法提高学生的专业认知。首先，辅导员可以邀请专业的系主任来对全体学生做关于专业介绍的讲座，让学生从宏观上、总体上了解自己所学的专业和本专业未来的发展潜力，明确学习结构，增强好奇心，激发求知欲，有效地避免由于认知偏差而导致的学习兴趣不浓厚的情况。接着，辅导员可以根据学生对专业的了解情况，再有针对性地采取措施。可以开展案例教学法、现身说法等对还有迷惑的学生进行教育，然后还可以邀请上几届同样专业的学生，或者是调剂但发展较好的学生，与自己班上还有专业困惑的学生举办交流会，组织同辈面对面地交流互动，了解成功学生的心路历程，通过榜样的鼓舞，促进学生对所学专业的认同，从而产生学习兴趣。

第二，帮助学生建立以专业为依托的职业生涯规划。辅导员在平时的教育中就要强调职业生涯规划的重要性。大学生在大学学习中，对自身、社会、对职业都会有更深刻的认识和了解,辅导员要敏锐地发现学生的这些变化,在合适的时间对学生在思想上、心理上加以引导。同时,要和专业教师配合,加强实践活动,通过专业实习、专业见习等方式加强职业实践。通过职业实践,学生可以更真实地了解自己所学专业将来从事的职业情况,对专业有比较直观和实际的了解,这是进行职业生涯的必然途径,通过这样的方法,能够让学生了解专业背景,了解社会及未来的职业方向,引导学生结合社会需要和个人价值实现确定一个明确的职业方向。这是提高学生学习兴趣的最根本的方法,只有在认识——实践——再认识——再实践的反复循环中,才能不断加深对专业、职业的了解和认识,不断修正对专业和职业及理想的偏差。

第三,尊重学生的专业兴趣和最终选择。在工作中,会有一些学生本身是通过调剂进入本专业的,对其他专业有浓厚的兴趣,对本专业没有兴趣。这一小部分学生,如果我们通过上面两个步骤还是不能帮助学生建立良好的专业兴趣的话,可以一对一和学生谈心或推荐他考第二学位等等。如果通过上述方法,学生还是对所学专业没有兴趣,厌学情绪严重,那么我们建议要尊重学生的专业兴趣和学生最终的选择。我们始终要把握"以人为本"的教育理念。

三、解决学习能力不足问题育人实际应用

学习能力是指个人不断获取知识、改变行为、提升其他素质,以在不断变化的环境中保持良好生存和健康和谐发展的能力。[22]一般来讲,大多数学生的学习基本没有问题,但也有些学生由于之前在高中习惯了被动学习,进入大学后,随着自主时间的增多,不适应大学的教学方法,出现了学习能力不足的问题。

关于学习能力的实质与结构,不同的学者有不同的意见,目前还没有统一而明确的认识,但一般来说,学习能力一般都涉及了自主学习能力、实践能力等。在我们的实际工作中,最常见的学习能力问题是时间管理问题,尤其是学生干部出现学习时间管理问题,这个问题在实际工作中还是非常典型的。

大学阶段是学生自我发展以及知识经验积累的重要时期,从高中阶

段到大学阶段，学习方式的改变是巨大的。高中主要是被动学习，而大学要求学生自主学习，学生有大量的可自由支配的时间。利用好这些时间来学习知识、发展自我，是非常重要的。时间管理能力缺乏是当前大学生尤其是学生干部中普遍存在的一个问题，我们认为原因主要如下：

第一，职业生涯规划目标模糊，对自身需求不明确。学生对自己和职业没有充分的认知，对个人的需求与发展的展望都不够，不能明确自己最需要学习的是什么，不能对学习进行适当的取舍。结果造成只停留在当下生活中，长期性计划性不足，学习的态度不够坚决，得过且过的思想较为明显。大学的学习方式由高中的被动学习变成主动学习后，需要学生自己设计自身的未来，明确自身的需求，强调自身的发展。因此，在大学期间，做好自身的规划是非常重要的，尤其对于学生干部来说，他们每天的工作繁杂，学习时间的规划显得尤为重要。他们更需要明白自身的发展规划，合理安排好时间。

第二，意志力不坚定，出现从众心理。心理学上，意志是指自觉地确定目的，并根据目的来支配、调节自己的行动，进而克服困难、实现目的的一种心理活动。意志力对大学生的时间管理有显著的影响。大学生在一起学习、生活，难免会互相影响。有些学生自己目标不明确，意志力不坚定，往往看见别人做什么，自己也跟着做，别人参加什么社团，自己就参加什么社团，不愿意思考，不愿意审视自己。什么事情都随着大众走，最终在茫茫活动中迷失自我。

第三，不懂得时间管理，不能有效地利用时间。时间管理是为提高时间的利用率和有效性而对时间进行合理计划与控制、有效安排与运用的管理过程，是职业核心能力中要求掌握的一个重要能力。但是部分学生没能掌握这个能力，参加过多的活动和社团组织，不懂得取舍，不懂得时间管理，分不清事情的轻重缓急，最终一片茫然，什么也没有弄好。

以上就是学生常见的由于时间管理不善而出现的学习问题。那么针对这些问题，我们该采取什么措施呢？

第一，教会学生用好四象限法进行时间管理，培养其对事情的关注与选择能力。史蒂芬·科维（Stephen R. Covey）发明了著名的四象限时间管理方法，把事情分为四种：重要紧急，重要不紧急，紧急不重要，不紧急不重要。（见图1）辅导员要教会学生好好利用这种时间管理的方法，让学生合理规划自己的时间，有效率地工作和生活。

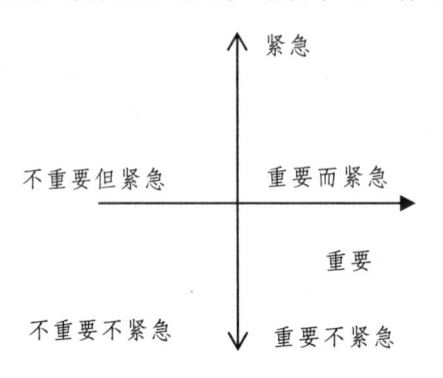

图 1　四象限时间管理办法

第二，根据时间管理的图表，进一步做好执行计划。指导学生按照四象限法做好规划图之后，再指导学生做好执行计划，把远景目标与近景目标合理地结合起来，细化平时的学习、工作安排，提高做事的效率，利用最少的时间完成最有用的工作。学生尤其是学生干部应该掌握科学的工作和学习方法，合理安排时间，协调学习与工作的关系，按照既定计划进行学习和工作。

第三，对学生的时间管理进行监督、管理，指导学生进行反思。在开始指导学生用四象限方法管理时间时，辅导员可以和学生一起商量，帮助学生做好时间管理的四象限图。学生做好细化的规划后，就要执行这些计划。在开始的时候辅导员可以对学生的执行情况进行监督，这是非常必要且重要的。在辅导员的客观要求和监管机制下，通过适当的奖惩，让学生按照既定计划，将工作学习按计划完成，接着辅导员再和学生进行交谈，共同反思，强化应用时间管理的方法，改善不足，不断进步。

综上，我们从学风建设概论，如何进行学风建设，学生在学习中常见的问题，如何通过解决这些问题，建立、健全学生人格，对学生进行思想政治教育，助力学生成长成才，让思想政治教育落地等方面，进行了阐述。

三、内江师范学院"树学风"活动实践实例

内江师范学院早在2007年就发布过《关于加强学风建设的实施意见》

的文件。随着时代的进步，学校在2018年4月又下发了《关于加强学风建设的实施意见（修订）》的文件，进一步开始了加强学风建设的工作。

内江师范学院的学风建设以"习近平新时代中国特色社会主义思想和党的十九大精神为指导，全面落实学校立德树人根本任务。充分发挥学校'七育人'功能，通过学风建设引导学生端正学习态度、掌握科学学习方法，调动学生刻苦求知的积极性，形成勤奋求索、精益求精的优良学风，促进学生全面发展"为指导思想。基本原则为"坚持教师为主导，学生为主体原则；坚持教风建设与学风建设相结合；坚持教育引导与规范管理相结合；坚持学校教育与学生自我教育相结合；坚持从严治校与人文关怀相结合；坚持目标管理和过程监控相结合"。

在具体的工作中，学校采取了六大措施加强学风建设。第一，全方位宣传教育，营造学风建设良好氛围。要求各单位通过新形式、新方法进行广泛、深入、细致的宣传教育，例如依托网络阵地对学风建设进行宣传，以"学风建设"为主题开设主题班会等形式，营造氛围，使广大师生充分认识和理解加强学风建设的目的、意义和要求，明确学风建设的目标，积极参与学风建设活动。第二，多主体共同参与，引导学生树立优良学风。任课教师要充分履行课堂教学的第一责任；任课教师要加强课堂教学组织和管理，规范学生课堂行为，维持课堂纪律，严格课堂考勤，并将学生课堂学习情况和考勤作为学生平时成绩考核的重要依据，努力保证学生课堂出勤率和学生学习效果。学生工作队伍要履行学风建设的直接责任；辅导员、班主任要积极配合任课教师，加强对学生的学习目标引导和过程管理，及时接受和处理任课教师课堂考勤反馈信息；要定期和不定期深入教室和寝室，了解和掌握学生的学习与生活情况，规范课堂管理和学习秩序，并与迟到、旷课学生进行告诫谈话，关心学生，及时为他们排忧解难；要从严审批学生各种请假申请，不随意调用上课学生。学生要发挥学习主体作用。学生应尊重教师，服从管理，严格遵守任课教师要求和学校有关规定，上课集中精力、认真学习，刻苦钻研，不迟到、早退、旷课，不在课堂上玩手机、睡觉等，充分发挥自身学习的主观能动性。第三，严格教学工作规范，以教风促优良学风。充分发挥任课教师的主导作用。任课教师要着力强化课堂纪律和教学效果。树立以学生为中心的教学理念，不断改进教学方法。严肃课堂纪律，敢于和善于管理学生。为学生列出课后必要阅读书目，组织辅导答疑。第四，规范学生行为，以管理促优良学风。学校各单位及全体教职工应依据《内江师范学院学生管理规定》《内江师范学院学生学籍管理办法》等文件精神，加强对学生的行为规范教育，引导学生自觉遵守学校的各项管理规定，刻苦学习、认真钻研，不断提升自身的综合素质和专业能力；严肃考风考纪和诚信教育。实行学生表现预警制度。各学院要根据学生在校的思想动态、学业表现、心理健康、生活起居等表现，通过口头预警、书面预警、知会家长预警，加强对学生的教育引导。严格宿舍管理。以学生寝室为单位，以"星级文明寝室评定"为导向，每周每月每学期对学生在宿舍的思想、学习、文化、实践和日常行为进行考评，全面提高学生素质。以公寓文化建设为抓手，开展健康向上、形式多样、内容丰富、与思想政治教育及专业紧密结合的公寓文化活动，优化学生宿舍起居和学习环境。第五，创新学风建设工作载体，增强学风建设实效。以社会主义核心价值观为引领，激发学生的学习热情。依托核心价值引领工程，以开展社会主义核心价值观主题教育系列活动为抓手，将学风建设融入理想信念教育，通过讲座、主题班会、座谈会等形式多样的教育活动，激发学习热情，增强学习意识。利用多种途径，开展学风建设主题教育活动。坚持考风考纪教育和学术道德教育，引导学生诚信求学、诚信参考、诚信做人；通过开展学风建设系列主题教育等活动、进一步落实学风建设的开展。依托学生工作联席会制度，为学生畅通信息渠道。学校扎实推进学生工作联席会制度，为校领导、职能部门负责人、学生搭建交流的平台，并及时了解学生学习状况和具体诉求，促进学风建设工作的顺利开展，努力营造全员育人的良好氛围。第六，搭建人才培养平台，深化学风建设内。搭建学术平台，开展以大学生科研为主要内容的学术活动。以"大学生创新创业训练计划""创青春""挑战杯"等竞赛为契机，以赛促学，大力开展各类学术科技活动；大力宣传《内江师范学院大学生创新创业训练计划管理办法》等政策，营造浓郁的学术氛围，培养拔尖创新人才。加强班级建设和管理，通过开展先进班集体培育、评选和优秀班长评选活动，促使各班级之间相互学习、相互竞赛，增强班集体的凝聚力，激发学生集体荣誉感，鼓励班集体团结班级同学，以集体的力量去激励学生刻苦学习，努力成才，促进良好的班风和学风形成。开展丰富多彩的文体活动，培育积极健康向上的校园文化，继续深化"一院一品一色"活动实施效果，提升校园文化活动质量和层次，发挥第二课堂育人功能，推动优良学风、校风建设。加强学生学业指导，促优良学风。各学院要充分挖掘优质教学资源，遴选专业课授课教师，对考研学生进行分类指导、分层培养，有针对性地强化学生专业课教学。将考研的管理、服务及指导贯穿于学生的整个大学学习阶段；提供考研政策咨询和填报志愿指导；每年定期举办考研咨询讲座，服务好考研学生。

内江师范学院于2019年4月，下发了《关于学风建设综合评价指标体系的实施办法》，开始了对学风建设考核的探索。

评价指标由七个维度组成。第一，学风建设保障。考核各二级学院的学风建设理念；工作体系、人力、物力和财力保证；学生工作制度和学生日常教育、管理和服务制度是否健全以及执行情况等。第二，日常教育管理。学生日常教育管理以督促学生养成良好学风为目的。重点考查学生课堂纪律、考风考纪，学生是否认真上课，不迟到不早退，严格遵守校规校纪等。第三，学习习惯。考查学生能否充分利用图书馆丰富的馆藏资源，自律自觉、持续自主的学习，扩大知识面，提高综合素养，培养良好的学习习惯。真正把图书馆作为自己的第二课堂和精神家园。第四，科技创新活动。学生课外科技创新活动状况是衡量学习风气的重要显性指标。校园学术氛围浓厚，能够引导学生们积极参与国家级、省部级等不同级别的大学生学科竞赛和大学生科研创新项目研究，在实践中获得认可和自信。第五，积极性调动。以报考研究生为契机，调动学生积极性，引导全体同学共同进步。充分利用考研动员会、交流座谈会等活动，加大对考研的指导和宣传，引导学生明确努力方向，充分发挥育人作用。第六，学习反馈效果。学生学习效果是总体衡量学风建设开展是否有效的标准。学习效果从大学英语等级考试和全国计算机等级考试两个方面进行评价。构建良好的学风建设，提高大学英语等级考试、计算机等级考试通过率，促进学生全面健康成长。第七，学风特色活动。各二级学院围绕学校人才培养总目标，结合国家专业标准、行业需求和自身实际，全方位搭建学习平台和专业技能提升平台，打造具有学院特色的学风建设活动，并通过营造积极参与和获得资格证书、发明专利、专业比赛、教学竞技等的氛围，促进优良学风的形成。

以上，就是对内江师范学院学风建设情况进行的介绍。在新的时代，学风建设也需要在实践中不断探索和进步。

【第五章】
心理健康教育育人

第一节 心理健康教育概述

一、进行大学生心理健康教育的原因

2010年11月30日至2011年2月28日,大学生杂志社、中国大学生网围绕大学生心理困扰的产生原因、现状及对策等10个方面,对大学生的心理健康状况进行了网络调查,近万名大学生进行了网上投票。根据投票结果形成了《2010—2011年度大学生心理健康调查报告》,其显示:90%以上的大学生有过心理方面的困扰,66%的大学生认为自己偶尔有心理方面的困扰,27%的大学生认为自己经常有心理方面的困扰,仅有2%的大学生表示自己没有心理困扰,另有3%的大学生选择"没有想过这个问题"。[23]由此可以看出,大学生在大学的生活状况并不像自己的高中老师描述的美好如童话世界,而是充满着各种心理矛盾和情绪困扰。面对这些困扰,大多数的学生能够主动去调整和化解,但还是有相当一部分同学选择了退缩、逃避等消极的方法。所以,大学生们需要家人的支持、朋友的理解,也需要专业的心理辅导来解决这些问题。

在我国,对于大部分学生来说,很长的一段时间里,学习几乎都是他们生活的重心。其实有一些大学生,他们在很小的时候就开始有心理问题了,但当时并没有找到合适的方法调适,也没能受到专业的心理辅导,结果这些小问题发展成为影响他们成长的极大烦恼,甚至是心理障碍。在上大学以前,很多学生的重心就是学习,家长、学校、教师也不看中学习成绩。因此,很多学生的心理问题因学习而产生,即使不是因

为学习而产生的心理困惑也因为要让位于繁忙的学习而被耽误治疗。直到上了大学，学习的压力轻些了，很多大学生才有时间来倾听自己心灵的声音，才有心思去发现自己内心的困惑与忧愁，才有了精力来慢慢解决心中的问题与一些成长的困惑。因此，可以说，在我国大学阶段是学生进行心理健康教育的重要阶段，是学生进行健康心理塑造的重要阶段。所以，在大学对学生进行心理健康教育是非常必要的。教育部于2011年发布的文件《普通高等学校学生心理健康教育工作基本建设标准》中就要求各高校必须开设心理健康教育课程为公共必修课，这也正说明了大学阶段对大学生进行心理教育的重要性。

二、大学生心理健康的内容

高校的心理健康教育涉及多方面的工作。例如，开设公共必修课，举办心理讲座，开展一些学生喜闻乐见、寓教于乐的主题活动等。教育部在《关于加强普通高等学校大学生心理健康教育工作的意见》中明确高校心理健康教育的主要任务和主要内容。高校大学生心理健康教育的主要任务是：第一，帮助大学生保持积极向上的人生态度。学校应运用心理学的有关知识和技巧，提高大学生的心理自主能力和社会适应能力；学校应促进学生全面发展，对学生的心理、行为施加影响，使其认知、情绪、意志、个性、行为等方面与社会现实的要求相适应，从而促进学生整体素质的提高，实现在德、智、体等方面的全面发展。学校应在工作中注重培养大学生良好的心理品质和自尊、自爱、自律、自强的优良品格，提高大学生克服困难、经受考验、承受挫折的能力。第二，对少数有心理问题、情绪障碍的学生提供心理帮助。学校要倾听学生的心声，对少数有精神疾病的学生要及时识别并转诊。人的心理及行为是一个由"健康"逐渐转向"不健康"、由量变到质变，并且相互依存和转化的过程。因此，生活在现实社会中的每一个人都在一定程度上存在心理困惑，学校在工作中，要坚持以观测、预防为主的方针，在问题萌芽时，便及时处理。当然，如果遇到无法处理的异常状况时要及时转诊，让专业的人员来进行判断和治疗。

高校心理健康教育内容是心理健康教育任务的具体化，是为实现心理健康教育任务服务的。根据教育部《关于加强普通高等学校大学生心理健康教育工作的意见》，高等学校大学生心理健康教育工作的主要内容是："宣传普及心理健康知识，使大学生认识自身，了解心理健康对成才的重要意义，树立心理健康意识；介绍增进心理健康的途径，使大学生掌握科学、有效的学习方法，养成良好的学习习惯，自觉地开发智力潜能，培养创新精神和实践能力；传授心理调适的方法，使大学生学会自我心理调适，有效消除心理困惑，自觉培养坚韧不拔的意志品质和艰苦奋斗的精神，提高承受和应对挫折的能力，以及社会生活的适应能力；解析心理异常现象，使大学生了解常见的心理问题产生的原因及主要表现，以科学的态度对待各种心理问题。"

心理健康教育是一种实践性很强的教育，这种教育在解决学生成长问题，促进学生潜能开发，优化学生心理素质，改善学生心理健康，预防心理疾患等方面有不可替代的作用。大学生心理健康教育，已然成为高校思想教育工作的重要方面，是高校学生思想教育的一个重要内容，渗透在学校教育的全过程，是育人的重要一环。

三、大学生常见心理问题及表现形式

大学生中有心理障碍或精神疾病的学生极少，多数学生遇到的都是普通的心理困扰。但是，即使普通的心理困扰也会在很大程度上影响学生的发展。据相关研究显示，当代大学生存在的主要心理问题有如下方面：

（一）适应性问题

适应性问题包括环境不适应、生活不适应、学习不适应等。大学阶段是人一生中的几个关键时期之一，大学生面临从青少年到成人转变的一系列重要的发展任务，因此，必然会面临适应性问题。适应性问题在大学新生中表现得最为突出。新生来到大学后，在生活环境、学习方式等方面都面临着调整和适应。而目前，大学生的自理能力、适应能力又普遍比较薄弱，因此适应性问题广泛存在。据统计，大多数新生从"不适应"到"逐渐适应"少则三至五月，多则一年。帮助学生适应大学生活，完成大学生作为"文化人"与"社会人"的培养任务，帮助学生完成社会化，是辅导员的重要工作内容之一。

（二）学业问题

大学生的主要任务是学习，学习上的困难与挫折对大学生的影响是比较显著的。学习问题主要表现在学习动机功利化，学习动力不足，学习方法不正确，学习成绩不理想，考试焦虑等方面。（1）学习动机功利化。例如，对基础课不上心，不认真听讲，对计算机、外语等技能类课程却非常热衷。"考证热"正是这种功利化最直接的表现。（2）学习动力不足。表现为，学生感受到来自社会等各方面的压力，知道应该努力学习，但是，学生在实践中却不想学习，更多时候是为了应付考试，但对于为什么要学习却不明确，学习动力不足。（3）学习方法不正确。大学的学习体系和高中有明显的不同，一些学生上大学后，没有及时改变学习方法，因而学习起来比较困难，压力大，情绪焦虑。还有一些学生，由于对考试的外在价值过于重视，出现了考试焦虑的情况。以上都是大学生在学业方面比较常见的问题。

（三）人际关系问题

良好的人际关系是学生成长与社会化过程中的重要组成部分，也是保持良好心理状态的必备条件。读中学时，学生生活范围较小，人际交往的对象较简单。进入大学，全国各地的学生来到一起，组建成一个新的集体，师生关系也不像中学那么密切，每个人独立地进行社会交往。大学形式多样的社团活动、社会实践活动等，对大学生的人际交往能力也提出了更高的要求。在这个过程中，部分大学生缺乏社交经验，在人际交往的过程中陷入困境。例如，在宿舍和室友搞不好关系，在班上和同学关系也不好，独来独往，非常孤单。还有些学生面对丰富多彩的活动，充满兴趣，却又担心失败，缺乏在公众场合表达自己的能力与勇气，不敢参加活动，久而久之开始回避活动。

除了一般性的交往问题外，大学生的人际交往问题还包括与异性交往。主要表现在与异性交往困难，不知道如何与异性交往。大学生由于年龄的增长，在大学生活中与异性交往的愿望也越来越强烈。但是部分同学，希望与异性交往，却又不知道如何交往，由此产生心理上的困惑和压抑。还有一些同学处理不好恋爱关系，当遭受失恋打击时，没有充分的心理准备，不能正确面对恋爱失败，甚至引发一些心理问题。

（四）性心理问题

青春期性生理的成熟，必然带来相应的心理变化。大学生渴望获得异性的好感与承认，产生性幻想、性冲动等，都是正常的心理，大学生应该正确看待。但是由于一些地方性教育严重缺失，学生没有接受过系统正规的性教育，不能正确认知自己的正确性反应，产生了堕落感、耻辱感，把性与不洁联系起来，从而在生活中产生一些情绪问题。

还有一些学生没有成熟的性观念，不能正确处理性生理成熟与性心理不够成熟的矛盾，导致产生一些心理困惑。还有极少数学生存在性心理障碍，例如，存在性别认同障碍等。这种情况如不及时介入，往往会导致学生的情绪受到极大的影响。

（五）情绪问题

稳定的情绪、积极良好的情绪反应，是学生成长、成才的重要因素之一，也是学生心理健康中值得重视的问题。大学生中常见的不良情绪包括抑郁、焦虑、情绪失衡等。

抑郁情绪。这是一种持续的、低落消沉的情绪体验，是我们每个人都可能体验到的一种情绪。它通常表现为一种持久的心境低落状态，并伴有焦虑、犹豫不决、记忆减退、思考困难、孤独、悲观、失望、自我责备和身体不适感。家庭经济状况差、失恋、考试失败、就业压力大等因素都是造成抑郁情绪的诱因。

焦虑。学生的焦虑一般并非来源于现实的威胁，而是内心无明确的客观对象和具体内容。大学生最常见的焦虑是考试焦虑。尽管所有的大学生在高中都经历了大大小小的许多考试，但还是有一些学生，特别是基础较差、大学又经历过考试失败的学生，或是一些要考研的学生，他们的考试焦虑情况比较突出，无端担心考试失败，不能自我调节，甚至产生了厌倦考试的心理。

情绪失衡。大学生的情感往往丰富而强烈，具有不稳定性与内隐性，表现为情绪波动大，高低不定，喜怒无常，会因为一点小小的成功就沾沾自喜，也容易因为一次小的挫败就一蹶不振，有的学生控制情绪的能力较差，比较容易因为一点儿小事愤怒，和人发生冲突。

（六）自我定位问题

大学生应该有准确的自我定位。大学生随着心理的日趋成熟，开始不断地探索自我，积极地思考人生。正确的自我定位就是明白自己的价值点，准确地认知自己。一个人的价值，除了本身的存在价值外，还包括在行业中、人生中和社会中创造的相关价值。给自己定位要做到高点定位与低点起步相结合，不让浮躁的心态毁了对定位的把握，用做人做事的方式定位正面的社会形象。通俗地讲就是寻找一个适合的位置。一个人要想活得不稀里糊涂、浑浑噩噩，就要先给自己定好位。懂得定位，就可以学会以理性的态度追求更好的生存状态，这样才能把命运的主动权握在自己手中。大学生往往还在自我定位的探索过程中，这个探索的过程有时会使大学生心理起伏很大，如果没有适时的引导，就容易诱发心理问题。

（七）就业和发展问题

近年来由于大学的扩招，大学生的就业困难已经成为一个社会现实。一些大学生对自己的定位不准确，就业期望值很高，一些大学生对自己的就业前景十分担忧，担心自己找不到合适的工作，这些学生对就业问题就会比较焦虑。一些学生甚至一进校就开始担心就业问题，不知道何去何从，也不知道该向哪方面努力，倍感压力。这些问题如不能解决，是有可能产生心理问题的。还有一些学生，在就业与考研之间，迟迟不能做出选择。想工作，又担心找不到合适的工作；想考研，又可能因为家庭经济困难，自己认为不太适合。两难之前，选择困难，出现抑郁、焦虑等负面情绪。

（八）网络成瘾问题

电子产品的普及给人们的生活带来了巨大的变化，人们的生活方式也变得更加丰富多彩，但由此也带来了一些负面影响。目前，大学生网络成瘾主要可以分为游戏成瘾、网络交际成瘾、强迫信息收集成瘾等。例如，有些人早晨一起床，就有上网需求，有关网络上的情景反复出现，漠视了现实生活。虽然表现方式不同，一些大学生形成了网络依赖综合征，身心都受到伤害。大学网络成瘾会导致免疫功能降低、性情异常改变，视力受损，注意力不集中，紧张，焦虑，失眠等问题；同时，用在学习上的时间和精力大幅减少，成绩下降；社会实际交往减少，不愿与老师、同学、家长进行交流，不愿参加集体活动，导致人际关系疏远；兴趣减少、情感错乱、价值观扭曲等一些问题。

三、心理健康教育育人的方法与形式

高校开展大学生心理健康教育工作主要应该着眼于预防。心理健康教育工作应该首先关注发展学生良好的心理素质，注重关心与维护学生心理健康，因为开展大学生心理健康教育的根本任务在于发展学生良好的心理素质，维护学生心理健康，让学生正常健康地发展、成长、成才，做好全面育人工作。那么，做好心理健康教育工作的常见方法与形式有哪些呢？

（一）认清高校心理健康教育工作的特点

高校心理健康教育工作有其独特的特点。心理教育工作虽不是德育，但教育工作者也不应割裂心理健康教育同德育之间的内在联系。在平时的工作中要有意识地把心理健康教育的一些知识和技巧运用到平时的德育中。例如，在和学生一对一谈心谈话时，就可以灵活运用心理咨询的一些技巧。例如，可以借助心理健康教育让德育落地。例如，可以开展"心灵成长规划书"活动，指导学生对自己的大学生活进行规划。学生从入学直到大学毕业，都在规划书上及时记录自己的思想与心理动态，包括成长目标、成长规划、成长困惑、成长感言和成长大事记等五方面内容。这样的活动，既是德育，也是心理健康教育，借助这样的方法，可以让德育不再是空洞的说教，通过这样的载体让我们的育人方式润物细无声。

（二）建立心理问题筛查、干预、跟踪一体化的工作机制

高校应对每届新生进行心理健康测评，对一些特殊情况要及时沟通、及时发现、及时处理。同时不定期对在校生进行心理健康状况调查。组建心理信息委员制度，辅导员可以从优秀学生中挑选班级心理委员、寝室心理员等，全面覆盖班级、寝室，及时发现问题，并及时上报学生的心理动态和心理信息。从而可以让学生工作者掌握大学生心理健康状况的全貌，以便及时发现问题、解决问题，及时干预和有效控制。大学生心理健康教育是一个系统工程，应该在学校的统一领导下，协调各个方面的力量和资源，形成合力，建立科学的管理、预防、应对机制，做好有效的防范工作，使问题尚在轻微状态就能被及时发现、及时处理。

（三）实施团体心理辅导

团体心理辅导是在团体的心理环境下为成员提供心理帮助与指导的一种心理辅导形式，即以团体为对象，运用适当的辅导策略或方法，通过团体成员的互动，促使个体在人际交往认识自我、探索自我、接纳自我，调整和改善与他人的关系，学习新的态度与行为方式，增进适应能力，以预防或解决问题并激发个体潜能的助人过程。这样既可以普及心理学知识，又可以帮助学生解决一些实际的心理困扰，还可以及时发现个别需要心理辅导的学生。

（四）积极开展以心理教育为主题的普及教育活动

学生工作者应从实际出发，积极开展以心理教育为主题的活动。例如，在工作中可以将心理健康教育与思想政治教育有机结合，积极开展心理话剧、心灵征文等寓教于乐的活动，把心理教育与学生活动潜移默化地结合起来，让学生在不知不觉中受到教育，辅导员还可以通过学生的作业、博客日志等有关资料了解学生心理情况，同时以多种形式和学生进行沟通。总之，学生工作者应该与多方面结合，发挥合力，构建好心理教育体系，起到全面育人的作用。

第二节 学生心理健康教育实际应用

一、新生适应性问题教育实际应用

在高校学生工作中，新生适应性问题是心理教育中常见的问题。董俊义、李元卿等学者认为，大学新生主要包括六个方面的适应：适应社会角色转变；适应奋斗目标转变；适应思维方式转变；适应学习方式转变；适应生活方式转变；适应交往方式转变[24]。在学生工作中，最常见的新生适应性问题主要表现在环境适应能力差、学习方式转变难、自我评价不当等几方面。

第一，环境适应能力差。主要表现为难以适应地域文化的差异和环境的改变。新生从全国各个地方汇集到新的学校，同学之间无论是家庭经济条件，还是文化差异导致的价值取向、生活习惯都相差较大。这些习惯相差很大的同学，很有可能还住在一个宿舍，共同生活。在这样的情况下，有些环境适应能力差的同学就迟迟不能习惯，因而在心理适应方面产生了一定的困惑。

第二，学习方式转变困难。大学的学习方式和高中有非常大的差异。大学除了要求专业学习外，还强调学生应该全面发展，在大学会有各种各样的社团活动和实践活动。学习方式和学习环境与高中相比都更自由了，学生有了很多的自由时间。这样的学习方式的转变会让一些学生感觉非常困难，对大学的学习产生疑惑与恐惧，不及时调整会出现学习倦怠的情况。

第三，自我评价不当。自我评价是自我意识的一个方面，是指人对自身条件、素质、才能等各方面情况的一种判断。大学新生对自我评价得当与否，会直接影响到大学生活中的学习效能及职业选择等方面的自信心。在高中时代，很多时候都是以学习成绩论成败，学习成绩是教师和家长甚至是同学的关注点。但是在进入大学后，以成绩作为唯一评判的标准突然不见了，批判体系开始多元化。在这样的评判体系下，一些同学受到了巨大的冲击，不能对自己进行正确的评价。人变得自卑而敏感，一旦遇到问题，就只会进行片面比较，容易灰心和自卑。

那么对于新生适应性问题，如何解决呢？第一，针对新生，应开设主题鲜明的团辅，解决共性问题。例如，对于新生应该在大学生活刚开始就开设"有缘千里来相会""相亲相爱一家人"等主题鲜明的团辅，团辅能为参加者提供良好的社会活动场所，营造一种信任、温暖的团体气氛，使成员以他人为镜，反省自己，深化认识，同时也成为他人的社会支持力量。学生在互动中，会发现有些困扰是大家共有的，同时也会发现一些问题，别人已经有效面对并且解决了，这些都可以促进彼此的人际关系，且有助于帮助新生度过环境适应期。第二，举行相关主题班会，重复团辅的主题，一方面可以通过另一种形式加深效果，另一方面把新生适应性问题与学生日常思想教育结合起来，借机引导学生学会应对挫折，提高学生心理素质。第三，关注重点学生，有针对性地进行工作。不同的学生适应能力不同，有的学生经过一段时间可以良好地适应，有的学生则比较困难。辅导员应该在工作中注意观察，通过团辅，日常交往，注意观察学生，对一些重点学生要深入分析，通过多种方法，引导学生学会规划和发展，同时，解决学生的一些实际问题。对于一些情绪实在不好的学生，要及时报告，让专业人士介入。

二、考试焦虑问题教育实际应用

有些学生会在考试，尤其是一些学生认为非常重要的考试前出现考试焦虑情况。例如，上课无法集中精神，看到别的学生认真学习就着急，吃饭没有胃口，看过的内容没法记住，没有胃口，睡眠不好等。

考试焦虑其实是大学生一种比较常见的情况，有资料显示大约10%~20%的学生都出现过考试焦虑的情况。产生考试焦虑的原因很多，学生的能力觉知、归因倾向、自我评价、个性特征、家庭教育等都可能与考试焦虑有关。那么在学生工作中，我们发现大学生常见的考试焦虑主要有以下几种原因：第一，过分看中考试结果。有些学生不能正确看待考试带来的结果，过分夸大考试没有考好的后果。对考试结果的评价及预期影响产生了不必要的担忧，进而产生了不安的认知。例如觉得考不好会丢面子，影响自己的前途等，导致恐惧考试失败而心理压力加大。

例如，由于现在大学生普遍面临较大的就业压力，在这种情况下，有些学生为了逃避就业而选择考研，由于学生对就业、考研没有正确的认识，在就业和考研的双重压力下，对考研考试的结果过于看重，而产生考试焦虑，考研复习没有效率，甚至影响到情绪等。第二，具有追求完美的个性特点。一些学生本身对自己要求与期望值比较高，追求完美，将考试成绩的好坏与他人评价过度联系在一起，不能够理性看待考试结果。例如，一些学生成绩挺好，已经获得了班上的奖学金，但还是觉得没有考好，不够完美，没有考到班上的第一名，没有能获得一等奖学金，下次要继续努力，要考第一名等，出现过分追求完美的情况。这样的一些不合理想法，无形中加重了学生的思想与心理负担。导致在考试前或考试中，出现考试焦虑症，影响考试发挥，造成恶性循环。当然，学生本身基础较差、家庭压力过大及应对挫折能力技能不足，也会造成考试焦虑。

那么如何减轻学生的考试焦虑现象呢？第一，引导学生正确认识考试焦虑现象。在平时的班会中，辅导员要向学生普及考试焦虑现象。要让学生认识到绝大多数的学生在考前都有一定程度的紧张或焦虑，这属于正常现象。适度的紧张和焦虑可以提高我们的学习效率，只要不影响我们的生活和情绪都是可以的、正常的。第二，辅导员在平时要引导学生正确看待考试结果。对于一些考试如公招考试，研究生考试等因为学生认为和自己的命运息息相关，因此对考试结果非常看重。辅导员要在平时引导学生，正确看待这样的考试。例如，要让学生明白人生有非常多的可能性，没有"唯一"的路，"条条道路通罗马"；也要让学生知道失败并不可怕，即使是考研失败或是公招考试失败，也有很多种选择，也可以吸取教训重新再考；等等。让学生正确认识考试，正确认识考试结果，当学生能够正确对待考试结果的时候，也就能正确对待考试了。第三，辅导员要注意观察，注意观察学生在考前的状态，尤其是情绪状态，还要观察考试考得不理想的学生的情况。要分析，学生考试成绩不理想是什么原因，是本身基础不好，还是考试焦虑造成的。如果是由于考试焦虑影响了情绪或是考试结果，那么对待这样的学生要进行谈话。如果面谈之后，效果不明显，可以推荐专业的心理咨询师，由专业的咨询师运用如系统脱敏法、行为放松法等方法帮助学生克服考试焦虑。

总之，考试焦虑是学生中的一种普遍、常见的情况，辅导员平时要多做工作,多帮助学生科学、正确地认识考试和考试焦虑症,对因考试焦虑而影响了生活和情绪的学生要多关心,建议推荐专业的心理老师进行帮助。

三、情绪抑郁性教育问题实际应用

情绪抑郁是一种比较普遍的不良情绪。抑郁是一种持续的、低落消沉的情绪体验,是我们每一个人都可能体验到的一种情绪。学生的表现常常伴有身体不适、睡眠不足、心情压抑、沮丧、无精打采、不参加学生活动,甚至逃课等情况。产生抑郁情绪的原因多种多样,家庭重大变故、失恋、考试失败、人际关系不当、就业压力过大等,都会导致抑郁情绪,有些学生甚至没有明显诱因。抑郁情绪在大学生中间比较常见,有时甚至因为没有及时得到较好的处理,抑郁时间持续过长,导致悲剧的发生。因此,在工作中我们一定要重视学生的抑郁情绪和倾向,争取让学生及时得到较好的处理,尽量不要让情况进一步恶化。

在学生工作中,我们发现一些学生的抑郁情绪比较隐匿,并不是以我们常见的爱哭、情绪低落表现出来,而是以一些不太典型的情况表现出来。例如,爱学习的学生突然不爱学习了,常常旷课;爱唱歌的女学生,突然变得不爱唱歌了;等等。这些表现的最核心的情况就是志趣的丧失。所以,辅导员老师一定要在工作中注意观察,及时发现有抑郁情绪的学生。

当发现有情绪抑郁的学生时,辅导员可以先从侧面观察、打听,学生是因为什么问题而出现这种情况。如果通过观察,发现一定时间后学生情绪好转,可以不用介入。如果一段时间还是没有好转,辅导员应该及时介入。第一,要全面了解情况,知道学生是因为什么事情而有抑郁情绪,若因一些现实情况,如家庭贫困等,解决学生的实际问题后,情绪自然好转。如果因一些不能解决的现实问题,如就业压力大、失恋等,则一方面要会倾听学生的心声,给学生一个倾诉的空间和时间,另一方面引导学生对问题形成一个正确的认知。也可以帮助学生列一个行动计划,让学生有计划地学习工作,转移注意力,缓解情绪。在这些过程中,辅导员都要注意观察,如果在这些努力之下,学生的情绪还是没有缓解、好转的话,要及时和学生家长保持良好的沟通,同时建议学生寻找专业的心理老师,帮助解决情绪问题。

四、网络成瘾型问题育人实际应用

目前,网络成瘾现象已经成为大学生中较常见的问题。主要表现为,性情异常改变、视力受损、注意力不集中、社交减少,不愿与老师、同学、家长进行交流,不愿意参加集体活动,成绩下降等诸多问题。

导致网络成瘾的原因多种多样。例如,有学生性格内向,在现实生活中不善交往,或对现实环境交往不满意,而在虚拟世界,他可以重新塑造一个形象,隐藏自身缺点,拥有更多优点,以回避现实生活中对社交的焦虑。有的学生在大学生活中,遇到了失恋等感情挫折,就把感情寄托放在网上,逃避现实感情。还有的学生,在现实生活中非常平凡,而在网络世界里却可以想象自己是一个无所不能的英雄。在网络世界中他们觉得似乎可以说自己想说的话,做自己想做的事,成为自己想成为的人,能得到肯定,这种自我价值在网络世界中得以实现的快感使他们沉迷于网络。

网络成瘾会对学生的生理、心理造成诸多方面的危害,那么对于这种情况,该如何处理呢?对于学生工作者尤其是辅导员来说,预防和及时干预比较重要。辅导员在平时要注意观察,要及早干预。第一,平时在工作中就要注意加强对网络成瘾的预防教育。辅导员要引导学生正确看待网络,在班会时间运用典型案例分析方法等策略,向学生宣讲正反两方面的情况,帮助学生了解和认识网络成瘾的危害。多开展丰富多彩的、学生喜闻乐见的学生活动,提供学生发挥的平台,让学生参与到活动中,让学生在现实生活中也能找到实现自我价值的感觉,从而让学生减少对网络的依赖。第二,注意观察,如果发现有学生有成瘾的苗头,一定要及时介入。当发现这样有成瘾苗头的学生时,一定要找学生谈心谈话,找到原因。是现实感情受挫呢,还是性格内向呢?多倾听学生的心声,让学生有一个倾诉、发泄的地方。帮助学生建立行动表,督促学生按时上课,按时参加活动等,用这样的方法逐步减少学生上网的时间,减少学生对网络的依赖。当然,一定要注意如果这些方法没有效果的话,必须转由专业人员介入。

五、情感问题育人实际应用

大学生大多在18到22岁的美好年纪，恋爱是他们生活中很重要的一部分。学生享受爱情是件美好的事情，可是一些学生不能正确看待爱情，尤其是不能正确面对失恋，导致产生心理问题。

例如，当恋人提出分手时，有的学生不能正确面对失恋，情绪崩溃，甚至要自杀；有的学生，有强烈的占有欲，表现出不顾一切的纠缠；还有的学生，情绪极其低落，长时间地失眠，甚至不去上课，表现出抑郁的情绪。

对于这些情况，学生工作者在实际工作中应该如何处理呢？第一，在平时工作中，要给以学生正确的认识。要让学生有正确的爱情观。例如，要让学生明白爱情是最强烈的人际吸引形式，其特点有：（1）自主自愿性。男女之间爱情关系的成立，必须完全出于当事人的自愿。（2）平等互爱。爱情要以当事人双方的互爱为前提，必须两相情愿，男女双方必须处于平等的地位，一方强制另一方的结合不是爱情；任何单相思也不是爱；怜悯、同情、进行感情施舍也不是真正的爱情。（3）亲密排他性。（4）无私奉献性。（5）热烈持久性。平时就要注意和心理教师配合，做好工作，让学生树立正确的爱情观，这样，当学生在爱情上受挫的时候才能正确地对待。第二，辅导员要关注由于情感问题而引发情绪异常的学生。一般来讲，当学生情感遇到挫折、情绪激动的时候，需要发泄和陪伴。这时辅导员需要做的工作就是倾听和陪伴，用这种方法慢慢安抚学生，避免极端事件发生。第三，注意观察，引导学生注意力的转移。当学生情绪平复之后，要引导学生，让学生把精力放在学习或是其他课外活动上，转移学生注意力。第四，如果有少数学生始终情绪难以平复或是有一些极端思想，那么需要请专业的人员来诊断，尽量避免悲剧的发生。

六、性别认同障碍问题解决的实际应用

有一种性心理障碍为性别认同障碍，指具有与一个人自身生物性别

相反的性别认同或性别感。这种情况，在大学生中有一定比例的存在。而存在这种情况的学生往往不愿意与人谈起，藏在自己内心最隐秘处不断地纠结这个问题，有些时候会导致严重的情绪问题，甚至引发抑郁症。这种情况比较隐秘，但危害又比较大，在工作中要引起我们的重视。

性别认同障碍在实际工作中常见的表现为：（1）反复纠结自己的性别，如明明生理性别是女生但却反复纠结，不断问自己"是男生还是女生"，并且往往处理不好与女生的人际交往；（2）对自己的性取向存在困惑。

出现性别认同障碍的原因多种多样，那么在实际工作中如何帮助学生呢？第一，辅导员在工作中还是要注意观察、了解学生。特别是对于人际交往困难和有情绪问题的学生要多留心，看看到底是什么原因导致学生的人际交往困难或是情绪问题。因为性别认同障碍比较隐秘，学生往往不愿意主动说出来，那么辅导员在工作中就要多注意观察和分析。第二，如果确有这样的学生，要引导学生正确看待性别认同障碍问题。承认自己性别认同障碍的实情，如确有同性恋的学生，也要引导学生理性看待同性恋。辅导员要指导学生理性看待这个问题，告诉学生：（1）同性恋不是一种心理障碍，同性恋也与道德无关。引导学生自己探索、理性看待自己的问题，学会接纳自己。（2）认真倾听，给予学生充分表达、发泄的机会。这是辅导员为学生提供心理支持、人文关怀的重要环节。一般有性别认同障碍的学生往往比较焦虑和抑郁，反复地纠结自己的问题，有些学生会对未来生活的不可控产生恐惧和担心，有时甚至会非常绝望。这时，辅导员一定要认真倾听，在情绪上给予学生支持。第三，在安抚好学生情绪后，可以根据实际情况将其转介到心理咨询中心，并且在后续中持续观察学生，主要还是要注意学生的情绪问题。

综上，我们从大学生常见的心理问题、出现这种心理问题的原因以及在工作中如何运用心理学的知识解决学生的心理问题，帮助学生健康成长等方面进行了阐述。总之，在平时的工作中要重视心理健康教育，预防工作是关键，要将心理健康教育与思想政治教育相结合，要注重教育内容的丰富性、教育渠道的多样性、教育形式的新颖性。在开展普及性心理健康教育的同时也要注意结合学生的特点，把握学生所思所想，有针对性地开展专题心理健康教育。

七、以内江师范学院大学生心理健康活动举例

内江师范学院围绕心理育人质量提升要求，努力构建心理健康教育长效机制，健全预警防控体系，强化工作研究，创新工作方法，提升工作水平。

第一，心理健康教育中心完善规章制度，加强心理健康教育团队建设，提升心理健康教育工作的科学性。心理健康教育中心制定了《内江师范学院心理健康教育教师工作职责》《内江师范学院心理辅导员工作职责》，形成了心理健康教育中心教师与二级学院心理辅导员对口联系的工作机制，规范了心理健康教育工作制度、程序。加大心理健康队伍建设力度，形成了5名专职心理健康教育教师，3名兼职心理咨询教师，16名心理辅导员的心理健康教师团队。强化了日常管理与服务，提高了心理健康教育工作的科学性与规范性。

第二，以培训为抓手，着力提高心理健康教育工作的实效性和专业化水平。心理健康教育中心注重培训，举办定期心理健康教育工作专题培训。定期组织心理工作者参加全国心理危机预防网络培训，强化了心理健康教育团队能力建设，提升了心理工作者开展学生心理健康教育工作的实效性和专业化水平。

第三，有条不紊、扎实有效地做好心理咨询工作。学校设有心理咨询室，安排专业的心理老师负责咨询。学生可以通过网上、电话等方式预约心理咨询。咨询范围包括人际关系处理不当，焦虑、抑郁情绪处理、压力应对，择业困惑等，尽量对有需要的学生提供帮助。疫情期间，心理健康教育中心组织开通抗疫心理支持热线，通过网络开展心理咨询，共咨询100余人次，成效显著。我校获内江市心理学会"抗击疫情先进会员单位"，2020年8月开学后，线上线下日常心理咨询与辅导工作同时开展，共咨询300余人次，有效缓解了学生的心理问题，助力同学在疫情的特殊事件中保持健康心理状态。

第四，以学生活动为载体、大力宣传心理健康教育知识。心理健康教育中心坚持以学生为中心，积极开展学生活动，让学生们在活动中学习心理健康知识，健康成长。尤其在疫情期间，围绕抗疫编写抗疫心理知识宣传册；开通防疫心理公开课；开展防疫心理知识竞赛活动，"吾爱

吾心 防疫筑心"主题班会等，通过微信、微博、易班和校园网站等平台，积极做好线上线下科普教育，逐步缓解学生疫情期间导致的心理恐慌，化解内心焦虑。

第五，体验式团体心理辅导全覆盖，心理育人进班级。心理健康中心每年对全体新生进行全覆盖团体心理辅导，充分发挥团辅的心理疏导、育人作用。心理健康教育中心还对所有二级学院班级开展心理讲座，就学生关注的心理热点、心理困扰、心理调适、心理疾病等主题进行讲解，普及心理健康知识，服务学生的心理成长。

第六，立足心理健康普测，筛查心理疾患人群，及早采取措施。每年心理健康教育中心都要应用《中国大学生心理健康筛查量表》和《SCL-90症状自评量表》对全校新生学生进行全面的心理健康测评，建立心理档案。心理健康教育中心会对数据进行整理、分析，筛查出疑似问题学生。并对学生进行心理约谈，将情况进行整理，对学生进行追踪观察，确认心理状况，有针对性地采取心理咨询、转介等措施。

第七，完善心理危机干预机制，维护校园安全稳定。心理健康教育中心进一步完善心理危机干预方案，2020年6月学校通过了《内江师范学院学生心理危机预防与干预实施意见》，依据文件精神，对毕业生进行心理健康状况排查，并及时对排查结果进行分析整理，对有需要的学生采取相应措施。对存在严重心理问题的学生进行有效的干预与转介，确保了学校的心理危机干预工作顺利开展，切实维护了校园安全与稳定。

【第六章】
学生日常管理育人

第一节　学生日常管理概述

要做好学生日常管理隐性育人工作，必须了解学生日常管理工作的内容，知道学生日常管理工作的特点，把握好学生日常管理的基本原则，只有这样工作才会更有针对性、主动性和科学性，从而增强工作的实际效果。

一、学生日常管理内容

现代管理学中，"管理"是指管理者在特定的环境和条件下，为实现特定的目标，对组织所拥有资源进行计划、组织、领导和控制等活动的过程。[25]就高校的管理来说，学生日常管理是高校管理体系的重要组成部分，是高校学生工作的重要内容之一，是高校育人的重要途径和手段。成功的管理也是一种有效的教育，可以帮助建立良好的校风和学风，帮助学生成长成才。

学生日常管理的内涵是什么呢？目前，国内学者针对这个问题，有不同的看法。目前，国内学界对学生日常管理工作的内涵尚未进行系统性界定。不过，根据《普通高等学生管理规定》《普通高等学校辅导员队伍建设规定》《高等学校辅导员培训教程》等资料，结合学生工作的实际，可以阐述学生日常管理的内涵。学生日常管理包括的内容比较繁杂，既包括学生的行政管理，即学生行政管理工作的各项计划、条例和规章制度的施行，如招生计划、注册编班、分专业、转、休、复、退学、考勤、纪律、奖励与处分，助学金与奖学金的评定与发放等，又包括大学生思想政治教育管理，如学生日常行为规范、宿舍管理、勤工助学等。另外随着中外大学的交流，西方发达国家高校学生事务管理的先进理念也逐步为中国高校借鉴。

综合学者的研究与实际工作的探索，从高校德育工作和辅导员工作的角度看，日常管理实际上涵盖了大学生学习、生活、思想、心理的方方面面，内容繁杂。那么根据学生工作中的重点和难点，一般高校学生日常管理的主要工作内容包括学生奖励与违纪处理、宿舍管理、学生资助、学生干部的管理等方面。这些工作是辅导员日常管理工作中的重点和关键环节。

其中，学生奖励的工作内容，学界并未形成统一认识。根据常见的工作内容，概括为传统各种奖学金的评定、荣誉称号的推荐评优。包括精神奖励和物质奖励两类，奖励的对象是在德、智、体、美等方面全面发展或在思想品德、学业成绩、科技创造等方面表现突出的学生和集体。精神奖励包括口头表扬、通报表扬、颁发证书、奖章或授予荣誉称号等，物质奖励包括奖学金和奖品等。奖励的来源可以是多渠道、多层面的，包括国家、社会和学校。例如，国家层面有国家奖学金、国家励志奖学金，学校层面有学校奖学金等。学生奖励是管理和激励学生的有效途径和重要手段，合理使用奖励，可以从正面肯定学生思想，达到鼓励先进、树立榜样、发扬正气的作用。做好了评优、评奖工作，能够进一步鼓励、激发、调动学生的内在动力，对学生全面成长成才形成积极正面的强化作用。同时也要注意，学生非常关心评优、评奖工作，涉及学生切身利益，矛盾比较多，容易产生问题。

违纪处罚是根据学校的规定，对违反国家法律或校纪校规的学生进行批评教育或纪律处分。根据《普通高校学生管理规定》，纪律处分的种类包括：警告、严重警告、记过、留校察看和开除学籍。对违纪学生进行处理，从反面对学生进行约束和教育，对于维护校园良好的公共秩序，营造良好的学习生活氛围，增强学生遵纪守法意识有十分重要的作用。当然，处分只是教育的开始，只是一种手段，学校给予学生纪律处分的真正目的是育人，通过纪律管理，规范学生的思想行为，使其健康良性地发展，促进个体的社会化。

宿舍管理也是学生日常管理非常重要的一方面，因为宿舍是学生学习和生活的重要场所，也是对学生进行思想政治教育和素质教育的重要阵地。学生的宿舍管理，尤其是宿舍安全管理，事关学生人身安全和财产安全，关系着学校正常的教学、生活秩序，关系到学校和社会的稳定。因此，在工作中要不断提高宿舍的管理水平。例如，要解决好学生在宿舍的人际关系冲突，对于寝室人际关系不好的学生要重点关注，多和学生谈心谈话，排解隐患；对于实在无法相处的同寝室成员要做好调换寝室的工作。做好宿舍的党建和思想政治工作，在宿舍园区建立学生党支部，定期开展支部活动，为学生创造更好的生活条件，营造更好的学习氛围，优化学生成长环境。同时要十分注意宿舍安全管理。宿舍是开展大学生安全管理的重要阵地。宿舍是大学生生活的主要场所，也是安全隐患和安全问题相对集中的场所，涉及大学生的人身财产安全、用水用电安全、防火安全、网络安全等。要多走访寝室，关心学生，明确学生的生活需求，要仔细排查宿舍和公寓存在的安全隐患，特别是关系到学生人身财产安全的隐患，如防火安全问题、用水用电问题、公共卫生安全问题等。要做到发现一个解决一个，杜绝学生在宿舍出现不安全行为，如违章用电等，一经发现，就根据相应的管理规则制度严肃处理。

学生资助管理。关于学生资助的工作内容，学者并没有形成统一的认识，不过，根据实际工作的总结，主要包括了家庭经济困难学生的认定与各种助学金的评定工作。这里面影响范围最大、学生最关注的，主要是国家奖学金、国家励志奖学金、国家助学金的评定和发放工作。国家奖学金奖励标准为每人每年 8000 元。国家励志奖学金奖励标准为每人每年 5000 元，通常每年 10 月 31 日前完成评审。国家助学金资助标准为平均每人每年 3000 元，分为 2~3 档，具体分档和标准，中央高校由财政部门确定，地方高校由各省确定。一般每年 11 月 15 日前，完成评审。在评定助学金和国家励志奖学金工作之前，要首先完成家庭经济困难学生的评定工作。这是学生资助管理必须解决的首要问题，而家庭困难学生评定一直是学生工作者普遍面对的难点问题。对于贫困生认定，一定要有科学、公开的评定标准、评定程序。这些评审工作直接涉及学生的切身利益，因此评审工作能否做到公平、公正、公开一直是广大学生和社会关注的焦点问题，加强资助管理，解决学生实际困难，帮助学生成长成才是学生工作者不断努力的方向。

学生干部的管理也是学生日常管理的内容之一。在高校的日常管理中，很多时候都在提倡要体现学生的主体地位，提高学生的自主性、积极性，让学生自我管理、自我服务。那么在此过程中学生干部的作用就较为重要，所以学生干部的管理也就比较重要。学生干部的管理工作做好了，通过学生干部以身作则的榜样作用，在学生管理工作中，就能较好实现学生的自我管理、自我服务。例如，一些学者通过研究发现，在班级管理中，要构建良好的班级文化，关键在于发挥班级管理者的示范作用，逐渐实现班级成员的自律。从现有的研究来看，学界对于学生干部的典型示范作用进行了充分肯定。在高校学生干部范围比较大，班干部、学生会、团总支的学生干部、各个社团的学生干部都是学生干部。学生干部的管理内容主要是学生干部的选拔、培育以及整体队伍建设等方面。

总之，奖励与违纪处理、宿舍管理、学生资助、学生干部的管理这些工作是辅导员日常管理工作中的关键环节。这些工作能否做好，一直是广大学生关注的焦点问题。

二、学生日常管理工作的特点

日常管理工作是学生工作者尤其是辅导员日常工作中必须面对的主要内容，也是开展思想政治教育隐性育人的重要渠道之一。因此，在学生日常管理工作中，我们要善于总结、把握这类工作的特点，这样才能更好地开展工作。那么这类工作的主要特点有哪些呢？

第一，双向性。管理是一种双边的活动，一方面是管理者对被管理者实施管理措施，另一方面是被管理者对管理者实施的措施做出反应。良好的管理都不是单向而是双向的。一方面要管理者运用正确的方法去调动被管理者的主动性和积极性，另一方面也需要被管理者对管理者的方法做出积极的回应。只有当双方的关系协调时，好的管理效果才会出现。学生的日常管理工作也是这样的。这是关于大学生的管理，它本身就属于管理，同时也是一种基于教育的管理，因此具有双向性。这就要求我们的学生工作者特别是辅导员，一方面要学习管理知识，有针对性地提出管理方案；另一方面，不能忽视学生在管理中的主体作用，明确学生主体地位。传统的教育模式忽视这种双向性的特点，将教师与学生设立为两个不同性质的个体，学生基本处于被动接受管理的位置，这样的管理效果是不好的。在管理中，要尊重大学生的主体需求，发挥学生进行自我管理的积极性和主动性，这是学生工作者尤其是辅导员遵循的重要规则。在日常工作中要转变"堵"和"罚"的传统思路，树立"疏导"和"警示"相结合的管理思路，结合为学生服务的宗旨，做好学生日常管理。

第二，严谨的程序性。对于高校学生日常管理工作来说，程序性是区别于其他学生工作，如学习指导等工作的重要特征。学生日常管理工作大部分内容都与学生的切身利益息息相关，并且随着社会的发展，学生对自身权益的重视越来越明显，学生对于公平、公正的诉求非常强烈。这要求我们在进行日常管理的时候必须严格制定和遵守工作的程序。学生工作者管理工作的程序要合法化、公开化。无论是奖励评优还是处罚工作都必须事前告知、事后公示，依法申诉等都应有严格、规范的执行程序，且在实际工作中要严格按照程序执行。建章立制、规范程序、依法实施应该要成为学生工作者日常管理工作的重要标志。例如，当有学生违反校纪校规，要给予学生纪律处罚时，就一定要严格按照相关的规定，按照程序执行。

第三，系统的管理体系。现代管理学认为，组织管理是在一个从比较封闭到比较开放的连续统一体之中进行的联系与活动，通过整合优化资源，实现组织管理整体功能的放大效应是管理工作的本质特征和根本目标。就学生工作者的日常管理工作来说，无论是宿舍管理还是学生资助管理，都强调系统各部分之间的相互作用，统一进行规划建设，实现组织管理的结构优化以及促成各部分相互组合形成系统的整体。因此，学生工作者在从事日常管理工作时应该注重整合优势资源，注意工作的系统性，协调好各部门的关系，依据各项管理制度、规程，运用科学的教育管理方法进行工作。

三、学生日常管理的原则

学生管理工作千头万绪，在工作中，只有遵循一定的原则，才能及时、有序、高效地开展工作，才能把学生日常管理工作做好。那么我们在工作中应该遵循什么样的原则呢？

（一）坚持以人为本，全面育人的原则

首先，在学生管理工作之中，要贯彻"以人为本"的原则，要放弃单纯只立足"学生事务管理"的传统思维，避免内容、方法的简单化，在工作中应以学生为本，确定学生的主体地位，多听听学生的意见，多关注学生的需要和愿望，满足学生的合理需要和愿望，注重管理方法，充分调动学生的积极性，充分相信学生，培养学生的自我能动性，充分挖掘学生自我管理的能力。

其次，在管理过程中要注意管理方法与教育规律的结合，做到教管结合。把育人工作与学生管理工作有机地结合起来，做到在学生日常管理中融入育人工作，做到育人为本。下以学生资助工作为例，阐述如何在学生日常管理工作中做好育人工作。学生资助工作是学生日常管理工作中的重要组成部分，学生工作者在处理这块工作时，要做到资助与育人相结合。在工作中要坚持解决学生的实际困难与解决学生的思想问题相结合的工作思路，在帮助贫困学生解决实际困难的同时，要密切关注这些学生的学习、生活情况以及思想动态，做好育人工作。同时要做到资助与励志相结合。在资助工作中要注意物质帮扶与励志教育相结合，鼓励家庭经济困难的学生自强不息，要让学生在逆境中坚定信念，坚定积极进取的精神。可以通过寻找家庭贫困但自强不息的典型学生，让这些学生进行演讲、报告等活动，影响、鼓励、感动其他学生，鼓励他们坦然面对贫困、正视贫困，培养学生自立、自强、积极向上的品格。做好资助与育人工作。在工作中要注意教管结合，根据不同的时间、地点、不同的工作对象、不同的任务和内容来调整管理与教学的工作重心，做到相互结合，互为补充。

总之，不能仅仅只把学生日常管理工作当作事务型工作，要在工作中融入育人理念，做好全面育人工作。

(二) 法治化原则

依法管理是依法治校的重要内容。要建立健全学生管理的各项规章制度，做到各项管理工作有法可依，有章可循。具体来说，第一，在工作中，学生工作者尤其是辅导员要掌握学生管理相关的法律、制度。例如，学校层次的校纪、校规，院系的规章等制度规范。第二，在平时工作中要加强对学校各种规章制度的宣传和教育，让学生了解校纪校规，在工作中要贯彻事前预防事后教育的原则。第三，对违纪学生进行处分，对优秀学生进行奖励都要做到程序正当、依据明确、定性准确、处分或奖励适当，过程公开透明，处理公平公正。在从事学生管理事务时，要认真听取学生的陈述和申辩。同时在工作过程中也要注意确保学生对合法权利的诉求，在学生对管理制度不解时，要对学生进行分析，明确学校与学生各自相应的权利和义务，解决学生的行为与管理政策、制度之间的基本矛盾。总之，在日常管理工作中要注意有法可依、有章可循，注意工作的程序性，要注意程序正确。

(三) 权变性原则

管理学中，权变性是指在研究过程中，需要依据管理环境和内部各种因素的变化，进行深入的分析了解，在全面掌握各种影响因素之间相互关系和影响作用的基础上，决定采取哪些适宜的管理方法。在学生日常管理工作中，就是要通过对学生管理工作的实践、总结、提出具有普遍意义的工作方法，进而对学生日常管理工作提出思考。首先，在工作中既要了解学校的共性，又要注意不同学院、不同专业、不同学科层次、不同生源地学生之间的不同特点。在学生日常管理工作中，一方面要贯彻共性原则；另一方面，要注意从本学院、本学科的专业特点和学生实际情况出发，采取结合本专业学生实际情况的适宜的管理方法。其次，在工作中要注意思考，要在学生管理的个案中注意分析，分析事件背后存在的深层次的管理问题，要分析管理制度，思考管理制度在与现实的衔接中哪里出现了问题，如果有问题要及时堵住管理漏洞。再次，要及时对日常管理工作进行总结，探索应急管理，对突发事件要有预案，要善于总结处理突发事件的经验。总之，在工作中要注意既要有共性又要遵从个性，管理方法要符合本学院、本专业的学生实际，只有这样，学生日常管理工作才能不断进步。

(四) 综合管理原则

学生日常管理工作涉及教学管理、日常事务管理等多个方面，并且由校、院、班级等多层次实施管理，是一个系统工程，具有整体性。不同层次的管理既有独立性又在整体中彼此联系。因此，要求在工作中，不同的部门之间既要有明确的职责分工，明确责任，各司其职，各尽其责，又要有紧密的配合，实行综合管理。辅导员作为一线的学生工作者，在工作中一方面要明确各职能部门在学生日常管理工作中的职责，要能在实际工作中帮助学生做好协调工作，协调好各项日常的管理；另一方面，也要善于调动学生的积极性，注意学生的主体性，让学生自我管理、自我服务。过去，高校学生管理工作的价值导向主要是着眼于有效的规范和维护正常的学校教育教学秩序。然而，在当前高等教育教学改革过程中，学生作为另一权利的主体，越发体现出了在学生管理工作中的主体地位以及保障自身合法权利的主体诉求。这种趋势对我们的服务意识，提出了更高的要求。因此目前，在学生日常管理工作中，我们对学生的服务也要跟上、要做好，同时要灌输在服务中育人的理念。

第二节　学生工作日常管理育人实际应用

一、评优、评奖类日常管理育人实际应用

评优、评奖在学生日常管理工作中，一般是指各种奖学金及荣誉称号的推荐、评优等，是辅导员在学生日常管理中重要的一环。这个环节涉及学生的切身利益，学生非常关心，涉及矛盾多，在工作中容易产生问题。最常见的情况就是学生质疑评选结果不公正。辅导员如何在评优、评奖的过程中尽可能地避免出现学生质疑评选结果不公正的情况呢？

第一，辅导员一定要清楚自己在工作中的职责、定位。奖学金及各种荣誉称号的评定，是高校对学生进行奖励的一个重要手段，在促进学

生学习和生活方面都具有积极的正面导向作用。公平、公正的奖学金评定，对于学生具有积极的引导和激励作用，能够激发广大学生不断学习，积极进取，全面发展；反之，缺乏科学程序、客观标准的奖学金评定，会对学生产生消极的负面影响，有时会在学生中形成不良的竞争风气，影响学生正常的学习生活。正因为评优、评奖对学生非常重要，所以，一般来说，学校对于各种奖学金及荣誉称号的评定都会有详细的评定标准和评定流程，这一般由学校学生工作部门负责。辅导员不具备制定评审标准的权力，所以，辅导员在工作中一定要明白自己的职责和定位，不要越权。

第二，辅导员一定要了解学校各种评优、评奖的规章制度和评定程序，在评选过程中严格按照学校规程、制度执行，不要根据自己主观好恶擅自更改评定程序。辅导员在评优、评奖过程中，有时因为在一线工作，对学校的相关规章制度可能会有意见，或觉得有些制度在实际工作中操作起来比较麻烦、不方便，于是擅自改变评定程序甚至标准。这样的行为是极其不妥的，很有可能会让学生认为评定过程不公平。目前，大多数的高校对于评优、评奖制度的设计都进行了深入的改革，也取得了比较好的成效。但在日常的工作中，还是有一些难点。例如，一般来讲，在高校中奖学金或荣誉证书的评定，常常根据两个方面来评价。一方面是学习成绩，这点学生一般没有什么异议；另一方面就是学生平时在学校的综合表现，学校一般会对学生的思想品德、纪律情况、社会实践、宿舍评分等几方面进行打分。最后由综合评分和学习成绩共同的总分来分配奖学金或是荣誉称号。而综合表现的认定有时会引起学生的争议。综合表现由哪几部分构成往往是由学工部制定的，但学工部毕竟不在学生工作的第一线，制定的内容也许有需要完善的地方，这个辅导员可以在工作中注意总结，向学工部提建议，不断地完善、修正综合表现的评定。但在新的规章制度出来之前，辅导员一定要按原定的规章制度执行，不能够擅自更改。另一方面，辅导员平时的工作一定要扎实，对于平时学生参与的活动一定要如实、准确地记载，保证学生综合评分的准确性，尽可能地保证综合测评分数的公正性。当然，学校也应该不断地吸取经验，运用大数据等先进的科学技术，不断完善综合表现的评估、监控过程，提高综合表现评估的公正性。

第三，在评优、评奖的过程中一定不能缺乏民主评议环节，同时一定要注意各个环节的公开，尊重学生的知情权。在评定的过程中，一定要严格遵守程序，公平、公正、公开地进行评审工作。要使学生广泛参与到评审工作中来，要有合理和严格选拔参与评审学生的制度，并严格执行这些制度。同时要严格要求担任评审工作的学生，严格监控评审过程，避免参与学生滋生腐败，要让各项评审工作在广大学生的监督下进行，严格遵守学生评议程序，严格遵守公示程序，确保了结果公平、公正。同时，在评优、评奖工作中，一定要注意学生的反应和情绪，对有异议的学生要耐心给予解释，做好学生的工作。对受挫的学生，一方面要安抚情绪，一方面也要进行激励，借此机会对学生做好挫折教育。这也是日常管理育人的重要方面。总之，评优、评奖虽然是工作的难点，容易引起学生的异议，但只要辅导员严格按照规则制度执行，公平公正不存私心，及时总结，利用大数据等科学技术不断改进，是完全可以做好的。

二、日常管理中实施批评教育的应用

对学生实施批评教育或纪律处分是对学生的一种特殊教育形式，对学生心理和行为等都会产生较大的影响。因此，处分学生一定要慎重。学校给予处分的真正目的是育人，通过纪律管理，规范学生的思想行为，使学生最终改正、发展。处分只是教育的开始，只是一种手段。因违纪而受到处分的学生需要特殊的帮助，如果能对受到处分的学生及时帮助，也许能有效地教育学生。如果不能对学生及时进行教育和引导，有的学生可能难以正确对待受处分的既成事实，因而情绪低落、悲观失望。因此，辅导员要正确对待受处分学生，使处分学生能健康成长、成才。那么在工作中应该如何做呢？第一，要注意严格按照学校规章制度执行对学生的纪律处罚，保护学生的合法权益。在对学生进行惩罚的处理过程中，一般要在征得学生本人意见的基础上，由学院和辅导员根据学校相关规章制度提出处理意见，再由学工部或是教务部等相关职能部门进行研究调查，做出恰当的处理，并进行审查和备案。对于留校察看以及开除学籍等严重处分，必须通过校级领导审批，由学生处牵头组成专门的委员会进行研讨论证后才能生效。处罚过程要严谨，处分之前要严格把握事实，遵照以事实为依据，以法律为准绳的原则进行处理。第二，在处分后，要注重对受处分学生进行跟踪教育。辅导员一定要记住，处分不是目的，只是手段，我们的根本目的是教书育人，教育学生，帮助学生成长成才。在工作中，我们往往对处罚的程序、事实处理比较谨慎，但在处罚之后却疏于对学生的教育。在工作中要注意，对学生的违纪行为，不是简单地进行处罚就了事，而是要对学生进行批评教育，同时对其他学生起到警示作用。对受处罚的学生更要加强对他的纪律观念思想教育，从源头上断绝再次违纪的可能。第三，要及时对学生进行心理疏导。这是我们在工作中常常忽视的地方。有的学生遭受违纪处分后，思想负担比较重。辅导员要判断学生的自我调节能力，有选择、有针对地对不同的学生采取不同的方法。对心理素质比较好的学生，要重点引导学生自我反思、自我批评，让学生认识到自己所犯错误的严重性，并引以为戒，努力改正；对心理素质较差的犯错后充满内疚和自责的学生要多鼓励，多安慰，培养学生对以后生活积极向上的态度，尽量减少被处分的影响，使其尽快积极投入新的学习与生活。总之，对学生的心理辅导要具体情况具体分析，最终有效促进学生良性发展才是工作的目的。

三、学生宿舍管理实际应用

在学校的宿舍管理中，比较常见也比较难处理的是宿舍人际交往问题。寝室是一个较小的交往集体，其交往的密度比较大，而同一宿舍的学生彼此生活习惯和方式又往往不同。不同地方的经济发展水平不同，接受教育的系统性不同，不同民族的生活习惯也不同，不同学生的社会阅历和认知水平都会存在较大的差异，这些情况使得学生形成了截然不同的为人处世的方式。在宿舍这个比较狭小的空间，临近个体之间一旦越过了一定的界限，互相侵扰就会增加，那么摩擦就不可避免了。并且，由于无法为个体提供单独的生活环境，原有的生活习惯也会成为寝室人际关系产生问题的一个重要原因。在宿舍管理工作中，要注意：

第一，引导学生形成正确的寝室交往准则。这是宿舍管理中重要的一环。在宿舍人际交往中，一定的准则是约束和引导学生行为的有效手段。在工作中，辅导员应该有意识地在新生入学的时候就指导学生自主设立寝室交往的基本准则，并且辅导教育学生在日常生活中切实遵守、共同维护，构建良好的生活环境。引导学生在宿舍交往时把握以下两个核心方面：(1)互相尊重。尊重他人隐私、尊重他人的生活习惯、尊重他人的人格尊严等；(2)团结互助，寝室成员之间应该互相尊重，互相帮助，彼此体谅宽容。

第二，构建良好的寝室文化。健康向上的寝室文化是对大学生进行思想政治教育的重要载体，也是保证大学生健康成长的重要外部条件。因此辅导员要帮助学生建立良好的寝室文化。例如，引导学生开展"相亲相爱一家人""共同学习"等寝室主题文化建设活动，通过这些活动，鼓励同学们形成温情、积极向上的寝室文化，让同学们在良好的寝室文化中健康成长。另外，积极培养学生的共情，引导学生关心身边室友，互助互谅，共同成长。

第三，发挥学生党员、学生干部的积极作用。可以在学生宿舍成立党员工作室，让学生党员发挥积极的模范带头作用，在学生中间做好榜样，形成良好的宿舍文化。学生干部要广泛关注同学的日常思想动态，做好辅导员和学生之间的桥梁，帮助辅导员及时发现寝室中的问题。同时辅导员也要积极走访寝室，做好预防工作，要能够在学生干部的帮助下，及时发现寝室中存在人际交往困难的学生，对这些学生多给予关注，有针对性地进行辅导，争取将人际冲突的矛盾化解在萌芽状态。第四，积极处理人际交往问题。当出现人际交往问题后，辅导员要及时有效的处理、妥善化解矛盾。辅导员在冲突发生后要及时地了解情况，包括充分了解冲突的起因、经过等情况，然后针对具体情况，提供疏导冲突的渠道，帮助学生解决问题、舒缓压力、调解矛盾。对于实在无法化解矛盾的学生，辅导员可以把冲突的双方调换寝室。对于超出辅导员调节范围的情况，可以借助心理咨询中心等专业机构，对学生进行专业的咨询辅导。对于民族学生的宿舍管理，要充分尊重学生的民族文化，同时关心爱护和严格管理并重。这样才能取得较好的管理效果。

四、贫困生资格认定实际应用

贫困生资格认定是国家励志奖学金、国家助学金的前期工作，是辅导员的日常工作也是工作中的重点和难点。实际上，在辅导员的日常工作中，科学、公平地评定贫困生是一项非常困难的工作。目前，贫困生资格认定在实际工作中，面临较大的困难。学生申请困难生资格的数量比较多，申请材料易失真，大学学生来自全国各地，辅导员难以实地考察等原因造成贫困生资格认证的困难。贫困生资格评定的结果，直接影响到学生能否拿到助学金，关系到学生的实际物质利益，能够对学生的生活产生实质性的改变。这个工作做好了，贫困生得到了应有的资助，国家和学校的良苦用心得到了实效；处理不当，会影响辅导员在学生心中的评价从而进一步影响其学生工作的开展，会引起学生之间的不融洽和学生对老师工作的不满情绪，产生不良的影响。那么在实际工作中，如何做到尽量科学、公正地进行贫困生评定工作呢？第一，在贫困生认定之前，召开班会，向同学们明确贫困认定的标准、程序。例如，四川省根据川财教〔2015〕230号文件就明确规定将全省建档立卡贫困人口全部纳入教育扶贫政策范围，从2016年秋季起实施，入学的建档立卡贫困家庭子女均可按规定享受相应的教育扶贫政策，直至相应学业阶段的学业结束。同时，向同学们详细讲解贫困认定的程序。让同学们做到心中有数。第二，利用科技手段，分析学生数据。这些年，随着大数据的发展和利用，可以通过一些技术手段，筛选消费低于平均水平的学生。例如，可以运用大数据统计，观察学生的饭卡使用情况，筛选出饭卡消费低于平均水平的学生。当然，我们不能盲目迷信大数据，对由大数据筛选出的学生，辅导员老师要进行观察，多走访寝室，通过侧面了解和与本人谈话等多种方式，真正确定学生的家庭情况。第三，建立贫困生评定小组。可以由班主任牵头，由班上没有申请贫困认定的同学或室长等组成。一方面对材料进行核查，一方面根据学生平常的消费水平和消费习惯进行民主评议，最终在申请学生中评定出符合条件的贫困学生。第四，注重程序，及时公布。评选结果出来之后，如果考虑学生的自尊心，不方便大规模公布的话，至少应该在班上利用适当的时机及时公布。第五，跟踪教育。贫困生评定这段时间，学生的情绪波动会比较大，特别是当自己的认知和最终的结果不相符时,一些学生可能会有偏激的情绪表达。所以,辅导员老师在贫困认定这段时间要关注学生,及早发现问题。对于情绪比较激动的学生要及时地谈心谈话,和学生讲道理,注意安抚学生,同时也要在适当的时机激励学生。当然,也要借贫困认定的时机加强诚信教育,真正做到将育人工作与日常管理工作相结合,对于家庭并不贫困而提交贫困申请及材料的学生在贫困认定结束后,要进行批评。要在班上开展诚信教育,要让这些学生明白这样的行为是不对的。第六,建立贫困生档案,及时记录困难学生的变动情况。辅导员要了解困难学生的生活及思想情况,当情况有变化时,辅导员要及时将这种变化记录在档案内,做到有证可查。综上所述,贫困学生的认定是一个复杂、困难、持续的过程,在工作中要耐心、细心、公正、严谨。

五、学生干部管理实际应用

在高校,学生干部在学生自我管理中起着非常重要的作用。学生干部是连接辅导员与普通同学的重要桥梁。一方面起着将学校的教育目标转化为普通学生自觉行动的传递功能,另一方面,作为学生干部,要以身作则,引领普通学生,起到强化班级凝聚力和向心力的作用。当然,在管理中,也有需要改进的地方。目前,在学生干部培养管理过程中,学生干部工作倦怠问题是一个难点,主要表现为,任期没完,突然提出辞职,或对工作不上心等。产生这种情况的原因:第一,责任心不强。对待工作没有起码的责任心。第二,学生对干部的角色定位存在偏差,没有发挥学生干部的榜样示范作用。第三,自身管理经验不足,承受挫折的能力不强,与辅导员和同学缺乏沟通。第四,辅导员对学生干部缺乏跟踪与指导。对学生干部培训不及时。在工作中如何改进呢?第一,对学生干部要定期进行培训。培训内容应包括学生干部礼仪、沟通能力等。对某方面比较差的学生干部要及时跟踪,重点补强。要强化学生干部工作的责任意识,培养学生干部与他人合作的意识与能力,引导学生干部提高他们的协调能力和水平。第二,建立完善学生干部的管理机制。例如,建立科学的评价机制,有效的激励机制,合理的竞争机制等。辅导员在工作中要注意奖罚分明,对学生干部在工作中的成绩予以表扬,对工作中的失误和不足要给予批评和指导。第三，注重学生干部的心理辅导。学生干部既要学习又要从事一些工作，有时压力比较大。辅导员要善于观察，要关心学生干部。积极地与学生干部进行交流，多和他们谈谈学习、工作、生活中出现的问题，缓解他们的压力。同时引导他们自我调节。让他们理解成长过程都是需要经历风雨的，只有经过磨炼，才能收获进步。

以上是学生工作者在日常管理育人实际应用时比较常见的问题及处理措施。日常管理工作是学生工作者每天必须面对的主要内容，也是开展隐性育人工作的重要渠道之一。日常管理工作是一个较复杂的系统工程，涵盖了学生学习、生活等多个方面。学生工作者尤其是辅导员在日常工作管理工作中要善于把握重点，探索规律。注意将管理与教育相结合、管理与自我管理相结合。总之，学生日常管理是高校管理体系的重要组成部分。成功的管理也是一种有效的教育，能够建立正常的教学秩序，良好校风、学风，促进学生健康发展和自觉成才。

【第七章】
网络育人

网络已经对人们的学习、生活产生了巨大的影响。大学生作为最活跃的网民群体之一，其学习、生活和情感等领域都深受网络文化的影响。因此，使网络成为弘扬主旋律、开展思想政治教育的重要阵地是新时期学生工作的重要方面。一般来讲，网络育人概念比网络思想政治教育的概念更广泛但有时也通用。

第一节 网络育人概论

一、网络育人概念

我国自1994年正式开通与互联网的专线连接，以互联网为代表的信息网络技术便以迅猛的发展态势，广泛渗入到社会生活的各个领域，引起整个社会生产、生活方式的深刻变化。在学习德育领域，依托网络影响力，以网络为载体、开展的德育也日益受到各界的高度重视和广泛关注。1999年学者张建松在《发挥校园网络在思想政治工作中的作用》一文中首先提出"网络思想政治工作"的概念，他认为："所谓网络思想政治工作，通俗地说，利用校园网络对学生开展思想政治工作"，由此，拉开了学者们关于网络德育的研究序幕。学者们从不同视角对网络德育的含义和特征、网络德育面临的机遇与挑战、网络德育的具体措施等问题进行了全面深入的探讨并取得了一定的成果。网络思想政治教育的概念，随着网络技术的发展和网络的广泛运用也在不断清晰。2000年2月刘梅同志在《思想政治教育的现代方式——论网络思想政治教育建设》中最早提出"网络思想政治教育,是根据传播学和思想宣传的理论,利用计算机网络所进行的思想政治教育"。这是国内最早、最直接提出并给"网络思想政治教育"下的定义。杨立英同志在其专著《网络思想政治教育论》中也认为,"网络思想政治教育是运用思想宣传的理论和传播学的原理,以互联网为载体开展教育的一种现代思想政治教育方式"。曾长秋、薄明华在他们合著的《网络德育学》中指出:"网络德育就是指在局域网(LAN)和广域网(WAN)上所开展的一系列德育活动,对网民施加的思想观念、政治观点、道德规范和信息素养方面的影响,使他们形成符合网络社会发展所需要的思想政治品格"。韦吉锋在《对网络思想政治教育界定的立体考察》一文中对网络思想政治教育的概念进行了深入的考察和剖析,他力图超越网络的工具价值,揭示网络思想政治教育的本质特征,他认为"网络思想政治教育是指抓住网络本质,借助网络影响,利用网络有目的、有计划、有组织的对网民施加思想观念、政治观点、道德规范和信息素养教育方面的影响,使他们形成符合社会发展所需要的思想政治品德和信息素养的网上双向互动的虚拟实践活动"。曾令辉综合了上述观点,认为网络思想政治教育有广义和狭义之分。从广义上研究是指一定阶级、政党、社会团体用一定的思想观念、政治观点、道德规范、通过现代信息网络传媒对其网络受众施加有目的、有计划、有组织的影响,使他们形成符合一定社会(现实社会和网络社会)、一定阶级所需要的思想品德和信息素养的网络实践活动。主要内容涵盖网络和人的本质关系、网络与思想政治教育的本质关系、思想政治教育与人的本质关系等。从狭义上研究,在我国是指在传统思想政治教育理论的基础上,运用心理学、行为学、传播学和现代信息技术等学科的相关知识,研究网络受众思想的形成、发展和他们的行为规律,引导网络受众形成符合社会主义社会要求的思想观念、政治观点、道德规范的网络实践活动。[26]

思想政治教育领域关于网络的认识大体经过三个时期:1994—1998年是"网络危害论"时期,1999—2000年是"网络工具论"时期,2001年以来是"网络社会观"的形成和发展时期。网络思想政治教育是计算机网络技术与思想政治教育工作的结合,是思想政治教育在网络上的扩展与延伸。网络提供了图文并茂的人机交互方式,增强了教育过程的娱乐性，增强了学生努力探索的兴趣与动力。所谓高校网络思想政治教育就是指"学校有关部门借助于校内网络信息中心、qq群、微博、网站等，充分利用计算机网络和各种新兴多媒体，积极对学生进行思想引领，从而对大学生所进行的各种思想政治教育。

以上观点均认为网络是德育的工具，网络德育是德育与信息网络技术结合的产物，是现实德育在网络上的拓展和延伸。

二、网络育人的特点

以网络为手段和工具的网络育人因具备网络的基本特点而与现实思想政治教育不同，其主要表现为：

第一，教育主客体的平等性。教育主体是指网络思想政治教育的承担者、发动者和实施者。一方面，在网络环境中，较为平等的信息资源获得机会，使教育者原本获得信息的"先导权"和"支配权"丧失，因此教育主体在网络时代下，无法独占教育的"话语权"；另一方面，网络生存方式将人的主体性扩展，赋予了教育客体即受教育者在教育活动中的自主权和主导权。因此在网络教育中，如果教育者的教育咨询无法被网络受众接受，那么教育就失去了意义。网络为高校开展各种思想政治教育活动提供了前所未有的自由与空间，网络的平等交互性、隐匿性使大学生网民不必隐藏自己的喜怒哀乐，他们可以在网络世界中大胆地说出自己平时不敢说的话，网络极大地提升了大学生的主体地位，展现了他们的个性。因此，在网络思想政治教育中，千万不能居高临下，生硬说教，这样的方式在网络思想政治教育不但难以奏效，而且会让学生反感。由于网络思政教育的主客体比较模糊，所以平等性比现实思想政治教育更突出。这种平等性有利于促使教育者和受教育者之间情感交流更为真实和直接，在工作中要善于利用此特点，可以增加教育者的亲和力。

第二，教育过程的交互性强。网络思想政治教育过程具有交互性强的特点。网络思想政治教育过程的交互性是指在网络思想政治教育过程中教育主体和客体所形成的一种特有的思想政治信息、知识和情感之间的相互关系。它体现了网络思想政治教育过程必须依赖于各种各样的网络图标或象征符号作为其活动中介的特点。它包罗了网络思想政治教育主、客体之间以及网络思想政治教育主、客体内部围绕着信息和知识生产、传递、交换、流通、竞争和冲突等环节而产生出来的一种相互参与、相互操作。

教育者与被教育者的固定地位被交互性打破，被动式教育因而成为互动式教育。教育者与被教育者都成为网络主体，两者在更平等的环境中共同面对问题。受教育者的主体意识被极大地调动起来，可以在网络上平等地发表自己的思想看法，与教育者或其他受教育者互相沟通探讨。网络思想政治教育的交互性可以根据不同性质进行分类。按照交互时间的先后，网络德育过程的交互性可以分为实时交互和非实时交互。实时交互又分为两种：一种是人与人交互，一种是人机交互。人与人交互是指人们通过网络进行一对一、一对多和多对多的双向交流，受教育者可以在"网上论坛"或"在线指导"上发表自己的观点，大家一起讨论。人机交互是指网络德育中的教育者针对某一专题预先设计好的以实际道德事件为基础的、错综复杂的、千变万化的、虚拟的道德情境或道德困境。围绕这个虚拟的道德情境，设计一系列道德判断题目，当受教育者访问该专题时，由机器提问或解答，实现人机对话。非实时交互是指网络德育中的教育者和受教育者通过电子邮件、电子公告板等方式相互传递信息。因为现实思想政治教育中的教育者和受教育者的关系是确定的，教育者是教育的主体。这个特点有助于帮助教育者明确自己的责任，在德育活动中坚持党的教育方针，以此完成德育任务。但由于教育者在德育活动中占据主体地位，容易忽视受教育者的能动性；而且教育者和受教育者面对面，有一定的利害关系，受教育者因为顾及"脸面"和"利益风险"，不愿说出自己真正的思想观点，封闭自己的心灵。相反，在网络上受教育者则顾忌较小，这样更容易知道其真实想法，进行有的放矢的教育，这是目前网络思想政治教育的一个优点。

网络德育过程交互性的实施途径。实施网络德育过程的主要途径有许多，且随着技术不断进步，途径不断拓展。目前用得较多的：一是通过网站、贴吧等进行网络交互；二是通过网络聊天进行交互；三是通过电子邮件进行网络交互等。

第三，网络思想政治教育具有开放性。网络思想政治教育过程的开放性是指其打破了"问题——解答——结论"的封闭式过程，构建"问题——探究——解答——结论"的开放式过程,以启发、讨论、探究、质疑、收集信息、自主学习为网络思想政治教育的基本形式,根据实际情况灵活安排各个网络思政教育环节。具体表现:一是网络思政教育内容的开放性。网络含有丰富的文字、图片、声音、图像等多媒体信息资源,也拥有各种信息传播功能,是一个开放的世界。二是网络思政教育方法和手段的开放性。网络科技使人们的视野更加广阔,以前采用的一些方法不再适用,它突破了由单一的政工机构、专职政工人员去组织工作的状况,使网络思政教育渗透到学生日常生活、学习和工作中,有形无形地向学生施加影响。三是网络思政教育主客体相互关系的开放性。一方面是主体和客体接受网络德育信息的同时性。党和国家的方针、政策、要求等各种信息的传播已经不再像过去那样需要经过一段时间的逐层逐级的传达,而是由一点同时向各层次多方面的辐射,接受者不受时空限制,无论是领导者还是被领导者,教育者还是被教育者,都可以同时接收到来自上级直至中央的完全相同的信息。另一方面是主体接受德育信息的广泛性和客体选择德育信息的无限性。由于网络信息传播的广泛性和人们的自主选择性,作为接受教育的客体,可以自由地、多角度地、多方位地接受来自各方的信息,形成随机无限发散的传播方式。而作为主体的网络思想政治教育者是有限的个人,接收信息是无限的,他面对的是多个人瞬息万变的思想动态。因此他必须掌握广泛的信息,才能应付自如。四是资料的开放性。古今中外,自然、社会、政治、经济、文化、军事、科技等都可在网上涉及。资料的利用不只局限于某一个教师、某一个学校、某一个学科,而是所有教师、所有学校、所有学科。五是网络思想政治教育时空的开放性。目前由于现代科技的发展,特别是手机APP的应用,让网络思想政治教育完全突破了时空的限制,自修课、双休日、节假日都可以进行学习。

第四,网络思想政治教育过程具有复杂性。在网络思想政治教育过程中,教育者把含有符合社会要求的政治观念、道德规范、心理健康等信息,有目的、有计划地灌输给特定的受教育者。受教育者在各种因素的作用下,有选择地接收信息,转化为个体意识,即内化。而后,受教育者又把个体意识转化为良好的行为,并多次重复良好行为使其成为习惯,实现网络道德行为转变成现实的道德行为,这是外化。在此过程中,教育者必须先了解受教育者的思想信息,适时、适当地向受教育者灌输具有特定内容的信息,又不断地从受教育者那里得到反馈信息。在现实思想政治教育过程中,主要通过课堂宣讲、个别谈心以及报纸、广播、电视等大众传媒来进行。这些方式的一个重要特点就是可控性,教育者可以通过精心筛选,有意识地选择合适的材料向教育对象集中地、持续地、高强度地传播,促使教育对象的思想发生转变。大量不符合教育者选择标准、不利于达到教育目的的材料被有意识地筛掉了。这对受教育者来说,无疑有助于他们形成符合社会要求的思想意识。然而,互联网络的迅速发展,使信息的传播逐步脱离了教育者的控制,一些不利于学生健康成长的信息蜂拥而至。在网络环境下,教育形态从平面走向立体,从静态变为动态,因网络的超信息量,教育内容变得丰富而全面,并且既具有客观性和可选择性也具有文化和科技内容,教育内容隐含在此信息之中。受教育者大量地接触到此类信息,其内容与过去所宣传灌输的信息有差别,极易引起他们的困惑,在很大程度上抵消德育工作的效果。大学生通过贴吧和微博等发表其对某些问题的观点和看法,由于绝大多数人都不是通过自己的真实姓名上网,教师根本无法知道究竟是谁在发表意见,因此无法有针对性地开展工作,增加了教育者施加教育的难度。同时,受教育者接受教育影响的选择性和自主性增强,一定程度上也弱化了教育者的教育影响作用。由于网络信息的不可控性,使得网络思想政治教育过程更加复杂。

第五,教育信息的数字化。网络思想政治教育与现实思想政治教育不同。前者信息的储藏以数字化为主。网络思想政治教育的信息以数字化进行存储、传播。这些数值化的教育信息,通过网络技术,变得图文并茂、声像交融,增强了网络思想政治教育的观感,也增加了学生的选择,这就要求我们在工作中要注意素材的选择,要增强主要素材的趣味性,让教学素材具有吸引力和感染力。[27]

三、网络育人的内容

网络思想政治教育的内容是根据信息网络时代社会发展的要求以及学生网民的思想实际而确定的。根据网络的特点,我们以知识体系与学科分类的方法把网络思想政治育的内容分为网络思想教育、网络政治教育、网络法制教育、信息素养教育、网络心理教育、网络伦理教育、网络人文科学知识教育等内容。

(一)网络思想教育

在网络世界里,各种思想五花八门,良莠不齐,网络思想教育主要侧重于思想政治教育传统内容的灌输。它是网络思想政治教育的核心和重点,也是党的教育方针在网络空间的拓展。网络思想教育的核心是指导学生网民树立起正确的世界观、人生观和价值观。当前高校网络思想政治教育的重点是加强马克思主义世界观教育,尤其是要注意加强马克思主义唯物论、无神论和方法论教育,弘扬科学精神,提高学生网民识别、抵制和反对各种伪科学和封建迷信活动的能力。此外,学校还要着力于促进学生网民进一步解放思想、转变观念,培养创新思维和创新能力,指导和推动学生网民的实际工作、学习和生活。由于网络教育具有个性化的自我教育的特点,网络思想教育要采用渗透式教育,这样更容易被学生网民接受。要把思想教育内容贯穿与融入政治教育、法制教育、伦理教育和心理教育等之中,让学生网民在这些教育的实践过程中提高自我的思想认识水平和辨别能力,确立其科学的世界观和方法论,从而达到思想教育的目的。在网络思想教育中,必须继承和发扬中华文化,这对中华民族的复兴具有特殊意义。近年来,西方国家凭借强大的网络话语权向世界各地进行意识形态渗透,为了防止此类渗透,应鼓励和引导学生弘扬中华民族的优秀传统文化,这是新时期德育的重要任务。在我国长达五千年的文明史中,中华民族创造了优秀的文化。这些文化今天仍然值得我们去发掘和借鉴,如孙子兵法、孔孟学说、古典四大名著等。这些文化瑰宝是我们民族生生不息的基础,是我们民族的根,体现了中华民族精神与信仰,对我们产生着强大的影响力和凝聚力,值得网络思想教育工作者整理、开发和利用。

(二)正确的网络政治观教育

网络的快速发展,使舆论导向有时在某些方面出现一定程度的失控。

网络上意识形态的冲突隐蔽又复杂，各种组织和个人都可以在此发布自己的政治观念，形成网络信息多样化的态势，因此加强网络政治教育势在必行。在互联网环境下成长起来的新一代在一定程度上面临着思想迷茫和政治信仰危机的考验。对此，我们必须运用互联网开展相对应的马克思主义政治观教育，内容包括政治理想、政治信念、政治方向、政治立场、政治情感、政治方法、政治纪律等，以解决部分学生对国家、阶级、社会制度等政治立场和政治态度迷茫的问题，使他们成长为具有远大理想和爱国主义精神的社会主义建设人才。其中党的基本路线教育、社会主义教育、爱国主义教育、革命英雄主义和革命传统教育等都是政治教育的重点。人们的"信仰""信念""信任""信心"问题，是新形势下思想政治教育工作所要解决的深层次思想问题。在互联网时代，学生网民只有树立正确的政治立场，分清政治是非，才能在面临西方敌对势力的各种思想冲击时，保持对国家、阶级、社会制度等重大政治问题的正确态度和立场。

（三）网络法制教育

网络法制教育是对学生网民进行约束、提高法治意识的必要手段。网络的出现及其对人们生活、学习、工作和社会、政治、经济、文化等的全面介入和深刻影响，迫切要求我们把法制教育引入网络教育。网络法制教育就是通过网络媒体进行法制宣传及普及教育。不仅仅是进行有关网络法规的宣传教育，更是进行整个社会主义法制体系的普及教育，其目的是促使学生网民保持网上和网下行为一致性和合法性，培养他们形成社会主义民主法制意识。这是依法治国的迫切需要，同时也是实施依法治国方略的一项基础工作。当前的网络法制教育，首先要系统地介绍整个社会主义法制体系，通过正面和反面的案例及生动的现身说法，让学生网民感受法、体验法，进而"知法"；其次，要传播法理知识，包括社会主义法制体系的基本原则和精神，让学生网民了解法制的精髓和精神，树立起守法和依法办事的意识；再次，通过网络开展法律服务和实践，培养网民运用法律的基本能力，让学生懂得互联网不是法外之地；最后，开展依法治国教育，要营造法治的网络环境，树立遵纪守法的社会主义网络新风尚。

（四）信息素养教育

信息素养是现代文明人的重要素质，是指人们应具有的信息处理能力，如信息筛选、鉴别、使用等能力，即个体能够识别所需要信息的时间，同时能检索、评价、评估和有效利用信息的综合能力。其包括信息意识、信息情感、信息能力、信息道德和信息法律意识五个方面。信息意识指对信息的敏锐度，即捕捉、分析、判断和吸收信息的自觉程度；信息情感指使用信息的态度和兴趣；信息能力主要包括信息获取能力、信息处理能力、信息表达能力和信息传递能力；信息道德是调节信息创造者、信息服务者、信息表达者之间相互关系的行为规范的总和，包括信息交流和传递目标应与社会整体目标协调一致，提升社会责任感，维护良好的创作精神等；信息法律意识主要包括遵循信息法律法规，抵制各种有害信息，尊重知识产权，尊重个人隐私等。信息素养作为一种高级的认知技能，同批判思维、解决问题的能力一起，构成受教育者进行创新和学会如何学习的基础。信息素养不仅是阶段目标，而且是每一个社会成员应终生追求的目标，是信息时代每个社会成员的基本生存能力。多媒体和信息高速公路将成为信息时代重要的物质基础和社会条件，成为让人类走出工业文明，步入信息时代的两个最重要的技术杠杆。而适应多媒体和信息高速公路所创造的数字化生存新环境，则是每个公民必须具备的基本生存能力，是每个社会成员进入信息时代的"通行证"。因此，进行网络素养教育也是网络思想政治教育的一项重要内容。目前，我国部分学生网民的信息素养尚不高，削弱了对网络信息资源的有效利用，因此，一方面要加强信息技术的宣传和普及，另一方面要加强信息法律法规的教育和信息伦理道德修养教育，帮助学生网民树立正确的网络观，提高分辨能力，做知法、守法的学生网民，使网上言行符合法律法规的要求，自觉维护网络安全，提高个人信息素养。

（五）网络心理教育

所谓网络心理教育，主要针对信息化社会中人们出现的情绪低落、精神不振、消沉、孤独、苦闷、焦虑、压抑、多疑、恐惧、防范、麻木、冷漠等各种心理障碍和心理疾病，运用心理学、教育学原理，结合信息网络快捷性、匿名性等优势，对受教育者施加一定的影响，帮助学生网民化解心理矛盾、减少心理冲突、缓解心理压力、优化心理素质，使他们保持良好的心理状态，形成良好的个性和思想品质，促进人格的成熟及人的全面发展。互联网改变了人们日常的交流方式，实现了人——机——人的交流，但这样容易造成一些学生网民的"网络孤独症""网络饥饿症"等心理困扰，解决这种信息化给学生网民所带来的种种心理困扰，可以依托网上心理教育的开展。如，开设心理咨询网站，通过电子邮箱或即时通信软件等与受教育者进行一种平等坦诚的交流，缓解或解除他们心中的困惑与心理冲突。学校可以定期地对学生网民的心理健康状况进行调查、研究，及时地发现问题，通过这方面的教育，可以及时解决学生的心理困扰，培养学生网民健全的人格。

（六）网络伦理教育

网络伦理教育是对学生网民进行自我意识培养和提高自身道德素质的有效方法。当前科学技术的发展带来了一系列新的伦理难题和挑战，诸如生物、医疗技术的快速发展，由此向生命伦理道德提出了挑战；现代工业技术广泛运用于经济建设，其在促进经济发展的同时，也引起了全球化的环境问题，给传统的生态伦理和经济伦理带来了挑战；现代信息技术的发展、网络的扩张对发展中国家政治生活带来了潜在影响和冲击。针对科学技术的发展带来的一系列新的伦理难题，网络伦理教育引起了人们极大的关注。因此，现代社会要求借助网络传播媒介快捷和形象的优势开展生命伦理、网络公德、技术伦理、生态伦理、现代人际伦理等伦理道德方面的教育，通过网络的强大功能，整合世界范围内众多的历史、文学作品等，把人类最优秀的美德（包括自律、同情、责任、友谊、勤劳、勇敢、坚毅、诚实、正直、高尚、忠诚、信仰等），利用网络传播给学生网民，以帮助学生网民提高自觉和自律的意识，使其在网上的行为符合道德，自觉抵制网络垃圾和精神污染。具体说包括集体主义教育、网络公德教育、网络道德规范教育、中华民族优秀的伦理道德文化教育、生态伦理教育、生命伦理教育、技术伦理教育、现代人际伦理教育、网上伦理资源等内容。

四、网络育人的平台

网络育人离不开网络平台建设。在实现高校网络思想政治教育过程中，要主动占领网络思想政治教育新阵地，使网络成为弘扬主旋律、开展思想政治教育的重要载体与手段。主动占领和开辟网络思想政治教育新阵地，在网络思想政治教育过程中是十分重要的。第一，重视和做好校园内各部门的官网建设。校园内各部门官网的建设，是构建高校网络思想政治教育平台的最基础工作。各职能部门应建立管理规范、健康向上、反馈及时、服务学生的官网。第二，办好网络思想政治教育的相关栏目。在学生工作部的官网上要建设和办好相关栏目。如，做好党团课、网上心理咨询、就业指导、人才市场、网上法制教育等。建立定期思想动态反馈系统，发现问题，找出原因，采取对策等。第三，做好新媒体建设工作。利用微博、微信、qq、B站、抖音、易班等新媒体，开发出适合这些新媒体的教育内容，占领新媒体阵地，用学生喜闻乐见的形式，潜移默化地对学生进行思想政治教育。第四，实现校园网络对其他媒体的整合、互补。将其他大众媒体，如报纸、广播、电视、图书等信息资料发布到网络上，为学生提供形式多样的教育资源，增强教育效果的吸引力和感染力。

五、网络育人的方法

网络时代对传统的德育方法提出了新的挑战，要求我们的教育方法要改进。如，第一，要由单向灌输向双向引导教育式转变。从一定意义上说，思想政治教育过程，就是信息的获取、选择和传播的过程，就是用丰富、正确的相关信息，影响学生的思想观念和精神状态的过程。现实的思想政治单向教育方式，不再适应互联网对思想政治教育的要求。网络思想政治教育过程应变为教育者和被教育者双向互动交流、共同提高的过程，在此过程中，主体和客体的地位是平等的。第二，要变被动为主动。思想政治教育贵在及时，及时的关键是信息的收集、传递和使用的快捷性，只有做到"快"，才能将工作做到前头，才能牢牢掌握工作的主动性，变消极防御为积极预防。网络信息传播的快速性，使思想政治教育有可能摆脱过去那种防御式的被动局面。随着科学技术的发展，网络和大数据的应用使思想政治教育有可能更加科学性、系统性、超前性。通过把握信息和大数据可以透过现象，抓住事物的发展规律，判明事物的发展方向，预见可能发生的矛盾，把问题和矛盾化解在萌芽状态。第三，要主动灌输和引导相结合。主动灌输是我们党做好思想政治工作的一大法宝，在信息网络时代同样非常重要。网络时代，不同的思想意识形态之间的斗争依然激烈，仍然要靠主动灌输来占领网络新领域。与此同时，德育也必须适应网络时代信息的特点，改变传统的简单灌输方式，对学生网民的思想行为进行正确的引导。网络对学生的影响不仅仅体现在信息的多元化上，更明显地体现在学生对事物的认识、理解和接受更趋于相信自己的独立判断上。思想政治教育工作如果仍然停留在告诉受教育者对与错、是与非、美与丑的事实，要求他们简单的服从，就不会达到良好的效果。因此，德育工作的重心应放在引导上，教会学生网民判别事物的方法。在日常教育中，既要引进现代社会中先进的社会思潮，又不回避社会上、网络上传播的某些负面信息，如，一些学校在某方面的不良表现。特别要用学生网民容易接受的方式来引导学生网民用科学的观点分析这些现象，巩固和完善他们的价值观，帮助他们确立正确的理想和信念。第四，要有灵活多样的教学手段。随着社会的发展，学生网民的精神文化需求相应提高，对教育手段的丰富性、愉悦性也有更高的要求。学生网民喜欢融知识性、趣味性、思想性、娱乐性于一体的各种活动。这就需要将科学的理论、鲜明的思想，通过运用各种载体，将思想政治工作渗透到教室、寝室、食堂、操场等课堂内外，寓教于乐、寓教于学、寓教于管理，使学生网民在潜移默化中接受感染和教育。思想政治工作者必须打破过去形式单一、渠道单一的做法，在教育工作中向小型、灵活、多样的方式转变。注意区分学生网民的不同层次和特点，个别深入、点滴渗透，做到有的放矢。要根据不同年龄、不同层次、不同对象、不同时间、不同环境、不同内容，分门别类地采用不同的方法进行，用灵活多样的方法达到网络思想政治教育的目的。

第二节　网络育人实际应用

网络思想政治教育的内容较多，在实际工作中最主要的工作内容就是进行网络思想教育，那么在实际应用中，如何做好网络思想教育呢？

第一，要建设好门户网站，建设好思想阵地。要有组织、有计划地对教育对象传播先进的思想理论，提高教育对象的政治觉悟。要充分发挥校园新闻网的作用，及时报道国内外大事，传播党和政府的声音。在网站的建设上，要鼓励学生参与建设，多倾听学生的声音，由此提高界面的亲和度。在网站栏目的设计上，要把学生日常管理内容设计在其中，同时，建立党建（团建）工作、榜样风采、时事述评、学校传统历史、校园新闻等栏目，把学生日常管理与网络思想教育结合起来。这样，网站的利用率会大大提高，网络思想政治教育的效果也因为和学生实际相结合而更好。网络思想教育内容宽泛，在实际工作中可过爱国主义教育、理想信念教育为契机，进行网络思想教育，抵制西方腐朽文化的侵入和渗透。在形式上语言要活泼、风趣。同时，网站上也要及时更新、公布和学生生活息息相关的信息，建立和学生的亲和关系。

第二，要创新工作思路与方法，善于利用新媒体。不断学习，紧跟潮流。在新媒体中，学校要巧设主题，适时设立话题，与学生互动，引导舆论。在工作中要善于调研和思考，不断总结和创新。要想办法提升官方微博、微信、QQ 等在学生中的影响力，要逐步提升发布的内容质量，要分析这些 APP 的不同点，同时要调研，微博、微信、QQ 等的在学校的使用群体、热点，如不同 APP 使用人群的年龄、专业、年级，观察这些群体有没有共同的特点。要了解这些群体，才能在不同 APP 上根据使用群体投放不同侧重点的内容。要善于结合 APP 的优点与使用群体的特点，达到良好的传播、教育、引领的效果。如，通过一些学校的调查，发现使用微信的学生较少，但学生家长普遍使用微信，学生爱用 QQ，而微博则是部分学生在使用。那么我们在工作时就要注意针对不同的受众，推送内容侧重点要不同。微信公众号推送的内容语言风格可以严肃一些，主题可以是家长感兴趣的内容，进而提高家长对微信公众号的兴趣，最终让家长的影响力影响学生。同理，QQ的受众主要是学生，那么内容上要贴合学生，文字上要更活泼，形式也要新颖。微博就要注意及时性和互动性。内容设置上也要有思考，要设置贴近学生生活、学生关心、积极向上的内容，例如，在就业季及时发布就业信息，考研分数出来，及时发布调剂信息等，服务学生，帮助学生，把思想政治教育落脚到学生实际生活中，以服务育人。针对不同的目标受众，投放教育内容相似，但侧重点和形式不同，这样针对性更强，效果更好。且合理运用微博、微信、qq等营造良好的校园网络氛围。运用新媒体进行思想教育时，还要注意提高用户的粘黏性，这是进行网络思想教育的基础之一。研究表明，在用户的粘黏性培养中，用户归属感所受的影响因素比较重要，所以，在使用这些APP时，要注意培养学生的网络归属感。在实际应用中可以通过和学生互动，与发相同主题的官博互动等方式培养学生的网络归属感。在适当的时间，举行一些转发抽奖活动，提高学生的积极性，增加粉丝数量，进一步提高新媒体的影响力。总之，多种方法灵活应用，在实际工作中多总结，多思考，多创新，想办法提高各种官微在学生中的影响力，让正能量的声音能够在网络中有效的传播。要合理利用网络社区、新媒体等，把教育的内容与学生实际结合，巧设话题，引导学生进行讨论，并对其进行正确的引导，变有形教育为隐性教育。利用网络的特点，同时借助多种方式和手段，调动声、光、画等多种手段，将思想政治教育的内容从抽象变为具体，从枯燥变为有趣，从单项灌输变为平等的双向交流。

第三，以学生活动为载体，借助网络平台，传播社会主义核心价值观等教育内容。除了传统的学生活动，也要注意开发线上活动形式，注意线上和线下活动的联动。如，传统的评优活动，可以合理开发网络线上形式作为有效的补充。在网上专门开辟板块，展出优秀学生照片、先进事迹，引导学生阅读、投票，让学生参与进来，同时又有良好的榜样力量引导学生。提高学生的积极性及扩展优秀学生事迹传播的广度。同时也可以根据不同的教学内容，设计不同主题的线上活动，同时配合线下一起开展，营造氛围，进行隐性教育。如，可以开展网络读书月，也可以参照目前流行的PK方式，设计知识竞赛等等。设计多种形式的学生网络活动，真正做到"以科学的理论武装人，以正确的舆论引导人，以高尚的精神塑造人，以优秀的作品鼓舞人"。网络信息传播的特点，决定了网络思想政治教育的复杂性，在教育中要坚持正面教育通过开展多种网络活动，合理的把教育内容融入进去，帮助学生树立坚定的信念，对巨量的网络信息保持扬弃的态度。

第四，要做好网络信息的监控和引导。网络舆论的形成是一个比较复杂的问题。有学者经过研究提出了网络舆论形成的三个阶段。第一阶段是社会实践的发生或是共同话题在网络上的出现。第二阶段是众多个人意见在论坛或微博等网络场所上发表。第三阶段，传统媒体的介入和舆论的立体传播。网络舆论的形成是一个动态的演变过程，在其形成过程中体现出两个特征。第一，是反馈互动。网民言论的活跃程度往往能使重大新闻快速能形成网络舆论。一方面，网络舆论与不断被挖掘出来的新闻信息形成反馈互动；另一方面，网络评论者之间也在不断地形成反馈互动，从而形成可以对事物产生较大影响的舆论流。第二个特性是衍生发展。与传统媒体的"就事论事"不同，由于网络传播者泛化且缺少把关人，往往使得网络舆论在传播过程中衍生出多个与之相关甚至无关的论题。网络舆论按社会效应可以分为正向舆论和负向舆论。正向舆论源于正确的世界观、人生观、价值观和方法论，反映了社会大多数人的共同需要、利益、意志和愿望，是对社会发展起推动作用的舆论。它有利于引导人们积极地对待生活，从事工作，其行为沿着有利于社会、事物发展方向前进。因此，正向舆论也被称为积极舆论。

与一般的社会网络舆论相比，大学生网络舆论具有以下特点：（1）大学生网络舆论是大学生自我认知、自我实现的需要。大学生认同并接纳、尊重自己思想、情感、态度等的行为和意见。大学生群体的主体性较其他群体更强，已经具备了较好地自主意识，不希望一味地接受灌输和被动影响，而是希望更多地通过自己的思考、分析，在获得尊重的前提下展开主动的沟通和交流，在互动中获得发展和提高。（2）大学生网络舆论体现了大学生多元的价值取向。网络共享性、快捷性等特点使不同的文化都可以在网上找到立足点，网络技术也为实现个人意见和主张的表达提供了有力保障。在网络环境中，大学生体现出更为多元的价值取向。而具有多元价值取向的大学生来到具有去身份化特征的网络平台上，就容易在网络舆论中出现消解中心、否定权威、解构秩序、破坏规则的现象。(3)大学生网络舆论以理性表达为主。大学生接受良好的教育,使得他们在表达意见、态度、情感时基本上可以做到以理性表达为主,尊重并赞赏有礼有节的思想和行为。大学生网络舆论虽然偶有情绪化和偏激、过激的现象,但从总体上看,理性的声音还是占据主流。由于网络舆论的话题往往聚焦社会阴暗面与突发事件的负面效应上,负面舆论往往能在第一时间造成广泛的影响。因此适应、开展网络舆论的引导工作是网络思政工作者的重要任务。引导网络舆论也是网络思想政治教育在网络空间的延伸。

那么如何做好大学生网络舆论引导工作呢？第一,舆论工作的引导要及时。网络思想工作者要把握好网络舆论,对可能出现的网络舆论做出及时反馈,及时应对。如,当出现不好的帖子时,要及时反应。反应可以分为三类:第一类,针对事件,如果事件本身存在问题,就要及时解决并做出答复。第二类,针对发布作者,如果作者不够理智,情绪偏激就要及时分析并进行疏导。第三类,针对多数网民,如果文章反映的问题带有普遍性,就要及时摆事实、讲道理。第二,要注意引导过程中的开放性和民主性。首先要营造一种开放性的舆论氛围。要把大学生作为有思想、有感情、有独立人格尊严和价值的人看待,要充分尊重他们的人格、兴趣和爱好。相信他们有理性的思考和独立分析、判断的能力。认真倾听学生的声音。只有在尊重、理解的基础上积极营造的舆论氛围才能促使大学生网络舆论向着正确的方向发展。同时要注意民主性。在网络关系中,平等对话的新型师生关系要求网络思政教育工作者要以说服式、网络式的语言和学生交流。第三,要有意识地设置议程。议程设置是媒介传播研究中的一个重要概念。在进行网络舆论引导时,要有意识地设置一些议程,把社会的注意力和兴奋点引导到特定的方向上来,在设置过程中慢慢引导网络舆论改变原有的状态,朝着预期的方向发展,从而达到引导舆论的目的。第四,要加强舆论内容的人文性。我们要依靠人文教育,培养具有社会责任意识和生态意识的公民。因此,我们在对大学生实施网络舆论引导时,要抛弃"急功近利"的心态,停留在干巴巴的空洞的理论说教层面,而是要通过饱含对生命的关怀、对学生的肯定与接纳、尊重与信任的教育,促进学生在"成人"的基础上"成才"。

第五，做好网络信息员与网络评论员队伍建设。网络舆论引导工作是一项政策性很强的工作，也是一项挑战性很强的工作，因此要求较高的素质。如第一，要求勤奋、敬业。有强烈的事业心和责任心。第二，要求有较高的政治素质，政治敏锐性强，并有一定的政策水平。第三，要求有较宽的知识面，要具备一定的社会学、心理学，政治学、组织行为学、大众传播学等多学科知识。第四，要具备一定的文字表达能力。第五，要熟悉计算机和网络技术，熟悉网络语言特点与规律。从高校来说，应按照"提高素质，优化结构，主动建设，相对稳定"的要求，建设一支思想水平高，网络业务能力强，熟悉学生思想教育的高校网络信息员和网络评论员队伍。由相关部门工作人员，专业教师，学生骨干构成。同时应定期对其进行培训。培训内容应包括：计算机、网络技术等业务技能；思想政治教育、政策理论水平和对政策、措施准确的把握能力；文字能力等，总之，对相关信息进行分析整理，用贴近生活、贴近网民的话语，针对网民的评论、正确引导网上舆论等能力是对网络舆论引导员的基本要求。

综上，随着时代的发展，网络思想政治教育已经成为德育工作的重要一环。学生工作者要做好网络思想政治工作，也是隐性育人的重要要求。做好网络思想政治工作的隐性育人工作，高校的学生工作者要不断研究新情况，解决新矛盾，探索新思路，结合互联网本身的技术、文化特点不断地改进让网络思想政治工作不断地进步。学生工作者要树立全员参与的意识，这种意识由于网络思政的特点显得尤为重要。同时，网络思想政治教育者要树立学生主体意识，确立学生教育中的主体地位，构建学生丰富和全面的主体性，树立阵地观念，把网络作为重要的思想政治教育工具，借助网络优势，拓展工作领域，增强教育活力。

【第八章】
就业指导育人

回顾高校大学生就业指导工作的历程：政策指导——信息指导——就业过程指导——职业选择指导——职业规划指导——职业发展教育——创新创业指导，学生工作者走过了一条不断学习、探索，也逐渐科学的教育道路。目前，大学生就业指导工作包括就业政策宣讲、职业生涯规划辅导、职业心理测评与职业咨询、求职择业指导、就业创业教育等，是大学生人生教育的重要内容，也是隐性思想政治教育的重要渠道。学生工作者，尤其是辅导员在大学生的生涯规划和就业指导工作中发挥着非常重要的作用。

第一节 就业指导内容概述

一、大学生职业生涯规划主要内容

职业生涯规划是指在个人发展与组织发展相结合的基础上，个人通过对职业生涯的主客观因素分析、总结和测定，确定个人的奋斗目标，并为实现这一职业目标，而预先进行生涯发展系统安排的活动或过程。

对于职业生涯发展的阶段，不同的学者有不同的观点。如果以大学为起点，从"大学——工作——职业——事业"的角度，可以把人的职业生涯发展分为三个阶段：职位选择阶段、职业阶段、事业阶段。职位选择阶段：职位是人的职业生涯发展的第一步。一般来说，人都会走向职场，通过从事一份工作，获得生命赖以生存的物质条件。职业阶段：获得工作并不意味着来到了职业阶段,只有职位与自己的个性、兴趣、能力及价值观较为匹配,才可能从所从事的职位成为自己的职业。事业阶段:在职业发展的过程中,当找到了自己的兴趣,并变得自发自愿、充满愉悦、全身心投入工作,职业就转变为事业了,职业发展进入到能满足人们对成就与社会价值感需要的事业阶段。

大学生的生涯泛指一个人在大学期间的生活、学习、成长的整个过程,是人生的重要阶段。根据格林豪斯职业生涯五个阶段理论,大学生涯相当于职业发展的准备期,学生在大学选择某一专业进行学习,开始个人的职业准备,为个人日后的发展奠定基础。大学生生涯是个人职业生涯的起步阶段。大学生在大学里学习,提升自己的整体素质,为自己积累资本,为自己的职业生涯做准备。对大学生涯进行科学、合理的规划,有助于学生毕业后顺利地走向社会、进入职场。因此,大学生职业生涯规划可以定义为:大学生在大学阶段对自身和外部环境的了解,为自己确定职业方向、职业目标,选择职业道路,确定学习计划、发展计划,为实现职业生涯目标而确立的行动时间和行动方案。

职业生涯规划有许多理论,但在指导大学生职业生涯规划时,主要应强化学生的职业生涯规划意识。受中国传统观念和应试教育的影响,绝大多数学生学习的目的就是上大学,对自己的职业缺乏思考。对于大多数的学生来说,"职业"是一个非常遥远的概念。所以职业生涯规划教育其实最重要的一点是普及学生职业生涯规划的意识,让学生了解职业生涯规划。让学生知道,职业生涯规划并不神秘,它其实就是寻找适合自身发展需要的职业,实现个体与职业的匹配,实现个体价值的最大化。所以,职业生涯规划实际上就是一个在知己知彼的前提下做出决策,然后,锁定目标,然后开始行动的一个过程。在对大学生进行职业生涯规划时,首先要让学生明白这个道理。接着要帮助学生进行职业生涯规划。中国学者将西方的生涯规划理论引入中国,初期也经历过全盘照搬、简单移植和文化不适应等阶段,随着教学实践的深入,学者们不断反思,对西方理论进行批判性学习,探索与我国当前具体国情及文化相符合的大学生就业指导理论。20 世纪初,黄炎培等教育家开展职业教育,并引入西方就业指导理论,一大批专家和学者开始了对本土化的就业指导理论的研究。20 世纪 70 年代末,台湾学者金树人、林幸台等人发现舒伯

（Super）等人的生涯发展阶段理论和霍兰德（Holland）的人格特质理论对学校的就业指导发展有很大的促进作用，将"人—境适配职业辅导方法"引入学校辅导工作，并出版了《生计辅导》一书，推动了当地就业指导与咨询理论的发展。[27] 20世纪末，北京师范大学、上海交通大学和清华大学等诸多高校结合自身实际情况，不断探索就业指导的内涵与外延。北京师范大学在2001年第一次提出了"全程就业指导理念"[28]，并获得了教育部的推广。该理念以金兹伯格和舒伯两位职业指导专家的"职业生涯理论"作为范本，同时融入了中国国情和文化特色。他们认为大学生的就业能力培养需要从大一新生开始，并贯穿大学的整体培训周期，需要引导大学生提高综合能力、学习多学科知识，与社会积极互动，同时能够长期且不间断地激励自我，开展自我培养。这已经全面地超越了之前仅开展求职指导，仅帮助大学生找工作的传统就业指导模式，将我国就业指导理论推进了一大步。经过多方的不懈努力，我国大学生就业指导的理论也获得了长足的发展。[29]目前，关于职业生涯规划的共识是职业生涯规划是一个长期的过程，大学生进行职业生涯规划不应该仅仅是大四的事情，应从大一开始，在不同的时期，有不同的侧重点，如，一二年级为初探期，一年级了解自我，只有认识自己，才能对自己的职业发展做出正确的选择。认识自我，包括评估自己的兴趣、特长、性格、学识、技能、智商、情商、思维方式等。这部分内容有时可以借助专业的职业心理测评来实现，当然，更多需要在实际生活中体验。二年级锁定感兴趣的职业，此过程中，要求学生能对职业生涯环境进行评估，评估各种环境因素对自己事业生涯发展的影响，分析环境条件的特点、环境的发展变化情况，理解自己与环境的关系，环境对自己有利与不利的条件等。三、四年级为定向和准备期，在此期间，应确定大学生职业生涯的发展目标，根据自己的才能、兴趣、最有利的环境等设立目标，并开展行动，行动是关键环节。三年级要提升职业修养，四年级初步完成从学生到职业者的角色转换。

二、大学生就业指导主要内容

就业指导是以提高大学生就业能力为目的，对大学生就业能力进行指导。狭义的大学生就业能力特指与大学生获取职业直接相关的能力，即通常意义上的求职应聘的能力。大学生在求职应聘活动中需要经历搜寻信息、获得用人信息、评价用人信息、发出求职信息、确定面试事宜、参加面试、协商谈判、鉴定就业协议等一系列过程，而这些过程是大学生从学校向社会过渡、从学生身份向社会职业人身份转换的关键环节。想顺利完成求职应聘活动，达到获取职业的目的，大学生就必须具备相应的能力，如搜集和处理信息的能力、抓住机遇的能力、职业规划能力、自我决策能力、写作能力、沟通能力、表达能力、自我推销能力、自我保护能力等等。这些能力主要表现在大学生在求职和面试过程中利用和部署自身的知识和素质储备，用恰当的方法向用人单位展示，从而获得用人单位认可的过程中，因此，也被称为求职应聘能力。求职应聘是所有大学毕业生面临的共同任务，与具体的专业无关，因此求职应聘能力具有通用性的特征，但它又是与求职应聘这一特定的任务领域相关的能力，因此，具有任务专用性的特征。[30]在这些技能中，主要是三大类：招聘信息的采集技能，就是要求大学生在就业时要了解国家有关就业政策，了解目前经济发展形势，了解用人单位的需求信息，了解就业互动的安排等等。简历的撰写技能，在了解信息确定了择业的目标之后就要准备材料，撰写简历。求职面试的应对技能。包括参加招聘会，参加面试，与企业人员面对面的沟通、交流等。

三、"双创"教育概述

"双创"，即大众创业、万众创新的简称。这是我国在经济发展进入新常态、改革开放进入攻坚期和深水区提出的引领经济发展的新引擎，已上升为实现中华民族伟大复兴中国梦的国家战略。培养大学生的创新精神和唤起大学生的创业意识，推动青年大学生投入到大众创业、万众创新的潮流中去，这是"双创"内在要求，也是破解我国大学生就业难和推动实现更高质量就业的治本之策。"双创"的提出，要求高校思考如何推进创新创业教育"落地"，如何提高大学生的创新精神、创业意识和创新、创业能力。推动大学生创新创业，也是提高大学生就业能力和解决大学生就业的一个方法，因此，深刻把握"双创"内涵实质是推动大学生就业教育创新发展的客观要求。[31]

如果说就业教育是"适应性教育",那么,创业教育则是"超越性教育"。就业教育是适应性教育因其主要是教会学生找工作,此前提是要适应社会、适应环境。说创业教育是超越性教育,是指创业活动具有"创造性",是立足现实却又超越自我,是敢于挑战新事物来改变现存状况。在经济发展进入新常态阶段,推动"大众创业、万众创新"为经济社会发展提供新引擎。点燃新引擎的根本点和落脚点在于"人"的因素,人是生产力变革中最为能动的因素。因此,要做好对学生进行创新、创业教育。

创业教育在大学生职业生涯发展与就业教育中发挥着相互促进的作用。一方面,就业为将来创业提供实践平台和能力准备;另一方面,创业为增强大学生就业竞争力和生涯发展创造条件。大学生在创业活动中形成的改革精神、冒险精神、创新思维、创业能力、合作意识等技术、社交和管理技能等核心素质,会对个人的职业生涯稳定发展创造条件。

创业教育分为是创业就业意识培养、创业就业知识夯实、创业就业能力实践锻炼等阶段。创业就业意识培养是就业创业教育模式的首要任务,在这一阶段,一是通过优化教育内容和选择教育方式,唤醒大学生内心潜隐的创业就业意识。积极探索创业就业教育的有效形式,避免简单说教,要通过启发式、体验式等教育方法,使大学生们感受创业就业的快乐。如鼓励学生参加各类创意大赛,在比赛中体验成功的快乐。在创业园中开辟专门的场所,让大学生体验"创业一天"等实践活动。通过较有兴趣的教育方式在大学生们的心中播撒创业的种子。二是创业动力的激发。创业动机是创业意识内容的核心要素,因此,创业教育要通过言传身教和环境熏陶等方式,吸引、激励、诱发学生的内在动机和外在动力。在外在动机的激发方面,要让大学生们明确经济新常态下,国家对大学生创新创业提供了难得的外部环境和优越条件,鼓励大学生要抓住时代的脉搏和机遇。内在动机的激发方面,如通过鼓励大学生参与创意活动并协调配合,及时将学生的创意转化成创业项目,从而激发学生的内在成就感;三是加强学生的意志品质培养。要让学生知道做事要有毅力,任何事业的成功都不可能一帆风顺。鼓励学生在干事创业中分析得失、积累经验,为以后更好的创业、就业夯实基础。

创业就业知识夯实阶段，创业知识是提升创业能力的基础条件，创业知识是指在开展就业教育或创业教育的过程中，将创业教育与就业教育中的互补性内容加以概括和提炼而成，这些知识内容以问题为导向，具有补齐传统的就业教育或创业教育"短板"的作用。如结合"双创"背景进行的就业创业规划教育、创业规划教育、就业创新教育等，这些知识既体现了"双创"时代的由就业转向创业的要求，又能有效帮助大学生选择更加适合自身的职业。要实现这一阶段的教育目标，一是要进行系统化的就业和创业教育学习。二是要进行科学的知识筛选和加工。结合就业教育和创业教育的各自知识体系，从就业实践和创业实践的需要出发，进行相关知识的提炼和整合。三是要就业创业知识的有机融入。创业就业知识要转化生根发芽，就必须讲求融入的方法，尤其要注重实践锻炼，在就业或创业实践中有机融合相关知识，以增强理论指导实践的能力。同时，更能体现学习创业就业知识的价值。

创新就业能力实践锻炼阶段，创新就业能力实践锻炼阶段是创业就业意识付诸实践，并将创业就业知识内化和升华的阶段。要想抓住事物的本质，需要多实践，多磨砺。通过有组织、有计划和科学规范的创业就业教育实践，将所学到的创业就业知识内化，并在实践锻炼中检验自身创业就业的能力。在这一阶段，一是要全方位开发开放就业实践基地和创业孵化基地，通过就业实践基地的体验，有意识地培养大学生经由就业实现创业的观念；通过创业孵化基地的体验，进一步夯实创新创业的信念。二是要创新就业创业实践锻炼的方法。要转变传统的就业实践锻炼仅是参观、顶岗、见习，仅是参加各类创业竞赛、撰写创业计划等传统模式。要通过问题导向、需求导向、目标导向等方法，从社会发展的需求出发，在实践中发现自身存在的短板，以创新创业为目标，增强创业就业实践的实效性。

四、学生毕业时的其他途径

大学生在毕业时，除了就业、创业还可以选择升学，例如考取国内的研究生或是留学，还可以自主择业等。因此，在工作中也要针对这部分内容对学生进行指导。

关于考研，首先要面对专业的选择，这与学生的职业生涯息息相关。如，如果你想成为一名科研人员，那么你就得对你现在所学的专业进行更深入的学习，如果你不满意现在的专业，那可能就要换专业考研，当然这个难度比较大。选择好专业之后，还要考虑学校，且要认真准备。大学生准备考研，首先要端正目的。考研是为了充实自己，而不是逃避就业压力，考研不会像高考一样，有老师统一指点，考研是需要独自复习，因此要做好心理准备，要有坚定的信念，坚持到最后。同时要有自主选择策略的能力。考研过程中包含各种信息，来自各种不同的渠道，学生应合理利用不同渠道收集好需要的信息。如通过校园网了解你准备报考的学校和专业，然后查询各类考研论坛或高校网站了解教育部的考试大纲和往年的专业考试题。学习他人复习的经验，结合自身的学习体会，合理安排复习。如，安排好专业课和公共课的复习时间比例，处理好当下专业和考研复习的关系等。如果经济上宽裕也可以考虑参加一些考研辅导班等。总之，考研不是一件容易的事，学生要做好足够的心理准备，并认真备考。

关于留学，学生一般选择英美国家留学深造，这种一般需要通过英语考试，达到一定的分数，才能获得学校申请入学的资格。有留学意向的学生，应该选好留学的目的地，完成相关的英文考试，然后准备好简历。这种简历除了写好个人的基本信息外，要写好自己的学习和学术研究状况等。如果有需要还要写一份个人陈述，在陈述中应当适当的展示自己的优点。在材料寄出后，不要仅仅是等待，要不时发邮件了解一下进展情况，和申请的教授保持联系。同时也要做好留学的心理准备。人在异乡，当情绪低落，或生活遇到困难时，你要如何调试，如何应对？离开家乡之前，把问题想清楚，做好面对新生活的心理准备，做一个合格的留学生。

除了考研和留学还有的学生会选择自由职业、灵活就业等。如，自由撰稿人，翻译工作者，某些艺术工作者等。一些在写作、设计、绘画方面有专长的毕业生会倾向于做一个自由职业者。

总之，不管选择什么道路，大学生都应该做好职业规划，完成就业的思想准备，全面、客观地认识自我，树立正确的人生观、价值观和切合实际的择业观，做好适应社会的思想准备。

第二节 就业指导在育人中的实际应用

一、塑造学生正确就业观念

就业观念是对职业选择的基本看法，是个体在一定世界观、人生观、价值观的指导下，对自己未来要从事的职业的基本观念和态度，它直接影响个人的求职方向、职业选择和目标定位。解决大学生的就业问题，做好大学生的职业生涯规划的关键点就是帮助学生转变就业观点，树立正确的就业观。

根据钟秋明[32]《我国当代高校毕业生就业研究》，目前来说，大部分的学生对就业的态度比较积极，85%的高校毕业生不认为自己的求职形势严峻。这个数据与前两年相比，盲目乐观的学生比重下降，近年来，毕业生对就业形势的自我判断日趋理性、客观。当前高校毕业生就业目的比较务实，能理性研判形势，大多数学生都有通过就业先求生存再谋发展的思想准备；但也存在过于短视、缺乏长远眼光等问题，这在一定程度上会导致毕业生过于看重眼前物质待遇而忽略长远发展。

在求职过程中，学生中也存在一些不正确的就业观，这些就业观往往会表现为就业定位偏差，"有业不就"，期望值过高，不愿意到中小城市甚至农村就业，盲目择业，违约现象严重等。针对这种情况，学生工作者，尤其是辅导员应该如何转引导学生的就业观呢？第一，高校应加强生涯教育，把生涯教育作为通识教育和就业指导的重要内容纳入人才培养方案给予保障实施，引导学生认识自我、认识职业世界、掌握生涯决策技术，科学规划职业生涯。从新生一进校就要开始对学生进行职业生涯规划教育，引导学生树立正确的就业观。引导学生建立发展型就业观。经学者研究表明，具备发展型就业观的人显著正向影响就业质量，如，对工作挑战性、单位管理满意度，都比较高。同时，职业生涯规划教育要和专业教育结合起来，研究发现，毕业生对专业的看法和态度显著影响其就业质量，专业同兴趣的一致性、专业满意度都显著正向影响人职匹配度，专业满意度显著正向影响劳动报酬、福利保障，及单位福利满意度，而这些恰恰是就业质量的核心要素。因此专业认可度高的学生，其就业观更科学。要让学生树立良好的、长远的就业观念，让学生懂得要把毕业时的初次就业放在人生长河里来谋划，不以一时成败论英雄，既能仰望星空，又能脚踏实地从基层做起。如果毕业生能心怀理想，放眼未来，用发展的思路来择业，明白能为自己提供锻炼和学习平台、与自己兴趣爱好相关、有发挥所长的机会，就可以去大胆就业上岗。如果学生能有这样的就业观，那么，一些非国企不进，一定留在城市等不合理的就业想法自然就消失了，这样，不仅就业不难了，且对未来还充满期待。第二，要帮助毕业生对自己和就业形势、环境有足够的认识。学生到毕业季时，辅导员应以主题班会的形式对当年的就业形式进行分析。归纳总结借助各种渠道了解到的就业环境和形式，针对学生的专业进行转达。转型时期的中国，各个领域的改革对就业的影响是非常大的，学生在就业前往往没有这方面的意识，辅导员要对该专业的社会形势有一个清晰正确的认识，帮助学生分析就业形势。同时针对少数就业困难的学生，更要给予足够的关心。要和学生一对一地谈，详细的和学生分析当前的就业环境和形势，结合学生自身的实际情况，帮助学生合理定位，摆正就业心态，帮助学生在社会中找到适合自己的位置。第三，帮助就业困难的学生分析就业定位的不理性的地方，帮助其调整就业期望值。辅导员应该用事实和数据说话，让学生理解自己就业定位不合理的地方，同时，辅导员要引导学生进行自我探索，理清自己的生涯期待、分析评估相关的职业与教育资源，帮助学生形成明确而有弹性的就业期望。让学生理解，职业是一个循序渐进的过程，应该积沙成塔，慢慢积累经验。

  高校毕业生的就业问题，关乎社会安全稳定，一定要高度重视，而其中就业观的教育，又是解决就业问题的重中之重。在个体职业生涯中，技巧、才智能为毕业生争取工作和发展的机会与平台，而德行却能为毕业生赢得内心安宁、他人青睐以及由此带来的持续发展的人脉与环境。因此，在进行就业观及专业教育时，不要只是孤立地讲职业生涯教育，要把思想政治教育融入其中，引导学生深入学习和内化社会主义核心价值观，养成爱国、敬业、诚信、友善的良好品行，恪守行业操守与职业道德。在职业生涯和就业的实际问题中，融入理想信仰教育，引导学生树立和强化职业理想，增强艰苦创业意识，着眼未来，乐于吃苦吃亏，勇担社会责任。把当下工作条件环境选择与长远职业生涯发展、个人工作生活需要与国家民族振兴有机结合起来，在发挥个人才干、不断创造的过程中实现自身职业与价值提升。这样把实际问题与思想教育结合起来，思想教育不再枯燥务虚，职业生涯教育也有了高度与深度，两者相辅相成，效果也会更好。

二、就业技能辅导

随着就业形势的严峻，就业技能的高低成为影响就业的重要因素之一。学者将就业技能进行了分类。参考学者们的研究成果[33-35]。大学生就业技能可以划分为招聘信息的采集、简历的撰写、求职面试的应对、就业决策、心理调适方法等。下文将对当前大学生比较容易出现的就业决策冲突、面试技能不足、求职心理问题等三个典型问题进行分析。

就业决策问题。就业决策困难是指毕业生在做出就业决策时遇到的各种问题，也是毕业生的一种压力、焦虑体验。[36]造成就业决策困难的主要原因有三种情况：缺少准备、缺少信息、信息不一致。其中，缺少准备，指就业准备不足，犹豫不决和信念失调；缺少信息，指缺少就业决策过程的信息，缺少与自我、就业机会相关的信息，缺少深入的就业信息；信息不一致，指不准确的信息或存在内部/外部冲突的信息，如与重要他人和内在自我冲突的信息。[37]就业决策是大学生在就业过程中一定会遇到的问题。最常见的情况是对于考研和工作的选择。学生往往在考研和求职这两个选择中摇摆不定，不知道应该准备考研还是准备简历求职，结果往往两头落空。

针对这种情况，辅导员应做好以下几点：第一，帮助学生分析自己就业的真正动机，最看重的因素。如，辅导员可以参考价值澄清法，让学生认清自己的就业动机。价值澄清派认为，现代青年人生活在一个复杂的、充满价值冲突和混乱的世界里，各种各样的价值都在试图对青年人施加影响，并采取各种方法迫使他们接受自己的价值。[38]在这些众多的价值和选择面前，人们感到无所适从，从而陷入价值混乱，实际上常常不清楚所持的价值观是什么就做出选择。价值澄清法强调四个关键因素，一是要以生活为中心，主要解决生活中的问题；二是要接受现实，即完完全全地接受他人，不必对他人的言行进行评价；三是要求进一步思考、反省，并做出多种选择；四是要培养个人深思熟虑地进行自我指导的能力。此外，还要按选择、珍视、行动三个阶段，七个步骤（即自由选择、从多种可能中选择、对结果进行深思熟虑后选择、珍惜爱护自己的选择、确认自己的选择、依据选择动力、反复地行动）来操作。[37]辅导员老师可以帮助学生寻找就业动机，但辅导员一定要注意，不能代替学生本人决定，每个人应该为自己的选择承担责任。第二，帮助学生了解信息。帮助学生了解其专业的职业、专业信息。让学生了解今天其专业的就业情况，自己意向工作的行业情况，将这些信息与原有的想象比较。帮助学生对考研的意向专业、意向学校的信息进行分析。有学者研究指出，对兴趣没有充分的了解是妨碍决策者做出决策的主要因素之一。因此要帮助学生对考研意向专业进行分析，帮助学生认识自己对考研的专业、学校甚至做学术研究有没有真正的兴趣，对研究生的学习形式、学习方法、学习压力有没有清醒的认识。对自己所学的专业就业情况以及考研专业的情况进行认真分析，做出新的决策。第三，在平时的职业生涯课程中就要注意培养学生的职业决策能力。学者研究证实了我国高校毕业生就业决策困难，在很大程度上是由于毕业生主观对自我评价出现了偏差，从而对自己的职业判断偏离了现实与自我的真实情况，由此呈现出一定程度上的非自主性。从长远看，增强学生的职业决策能力，则需要进一步加强职业生涯规划教育，加强对大学生独立自主意识与能力的培养，养成大学生为自己的职业、自己的未来负责的意识。

总之，针对大学生职业决策困难主要引导学生自我反思。一是反思自己与意向工作的匹配程度。二是对自己能力和兴趣进行全面的反思和总结。辅导员要指导学生正确而客观的认识自己的兴趣、能力，在此基础上做出自己科学的选择。如果实在是难以决策，则可以求助心理咨询师做发展性心理咨询。

面试技巧问题。在当前，面试是用人单位录用大学生的重要环节。因此辅导员要注意培养学生的面试技巧，提高学生的面试能力，让学生能顺利通过面试，获得满意的工作。工作中具体可以从以下几方面着手：第一，在就业指导中要加强面试礼仪的指导。研究表明，在面试过程中，首因效应非常重要。因此学生在求职面试时一定要设计好自己的形象，要干净利落、庄重俏丽，要有专业职业的形象。同时，学生要注意面试的礼仪技巧。要遵守时间，一般应提前15分钟左右到达面试地点；要先敲门再进入，进门后要面带微笑。当面试官示意坐下后，应先说"谢谢"，然后在指定的位置坐下，落座后坐姿要放松，但要坐直，两腿自然靠拢，给人以精神的感觉。讲话时不要低头，目光自然，要轻松、温和、真诚的注视对方，可以适当地添加一些辅助的手势，但不可过多，不然给人作风漂浮的错觉。讲话的语气要平和，语言要连贯，内容简洁，紧扣主题。第二，面试前要做精心的准备。主要包括信息准备、心理准备。关于信息准备，收到面试通知书后，要收集面试单位的信息。包括面试单位成立的时间、主要业务、企业文化、招聘职位要求等。最好查看一下往年的面试情况，知己知彼，百战不殆。同时，也要对面试常见题进行准备，如自我介绍。自我介绍的时间大约1~2分钟不要太长，重点介绍自己与应聘岗位相关的资历、能力及个性特征，要真诚，不说假话。材料准备。要仔细阅读面试通知，提前准备好单位要求的材料，最好提前到单位查看，熟悉公交路径，避免迟到。关于心理准备，要做好面试的心理准备，提前休息，要有信心，以饱满的热情对待面试。第三，平时要积累面试基本知识。要了解面试的基本内容和程序。如，企业面试和公务员面试一般有很大的不同。因此，在平时就要引导学生学习。学生要能了解常见的面试方法、面试流程。如要知道结构面试的基本步骤等。最好能在平时的就业指导课进行面试模拟，这样真正面试来临的时，可以降低紧张情绪。教育者的行为会潜移默化地影响学生，因此，作为一名学生工作者要意识到这一点，要以身作则做好榜样，为学生树立良好的礼仪样本。

求职心理指导。学生在求职过程中，部分学生容易出现一些情绪问题。如，开始心理期望值与求职目标过高，与自身条件不符。遭受打击后，又变得盲目自卑，出现情绪低落，不敢投递简历等现象。大学生在求职过程中产生自卑、焦虑等心理问题，在求职过程中是常见的，但要加以调整，不然有些学生会失去信心，变得一蹶不振。调查发现，大学生求职中常见的心理问题是"害怕失败""感到自卑"。那么学生工作者，尤其是辅导员该如何帮助学生调节呢？第一，在就业季来临前，应组织学生复习《大学生心理健康教育》中的章节《如何对待挫折及压力》。强调挫折和压力都是生活中常常会出现的，要让同学们正确、理性的对待挫折和压力，要对此有正确的认知。同时让同学们提前假设以求职受挫情景来作为生活中的一个挫折和压力，结合书上提供的方法，来正确对待挫折，明确挫折可以助人成长，可以助人成功。让学生深刻的意识到挫折并不可怕，我们对待挫折的态度才是重要的，如以积极的态度对待挫折，人生往往可以走向成功。

第二，告诉学生求职季已经到来，帮助学生做好求职心理准备。毕业生在择业中出现心理问题，很大原因是没有做好必要的心理准备，因此不能在就业压力面前及时调整自己的心态，一旦遇到现实和想象的不一样，就容易产生心理不平衡。其主要表现为：缺乏客观的自我评价，一遇到挫折就容易产生自卑心理；对当前就业形势认识不足，一旦求职失败，缺少反思与总结，不能很好地调节。因此，学生工作者要在就业季来临之时，帮助学生做好求职准备，帮助学生分析当前的就业形势与学生自身的实际情况，做到不盲目自信也不盲目自卑，同时做好面对挫折的心理准备和应对方法。

第三，善于观察，帮助学生疏导不良情绪。学生工作者，尤其是辅导员，在就业季一定要善于观察，关心学生，随时了解学生的就业情况。要特别留意求职困难的学生，如发现情绪不好的学生，要帮助其调整情绪。要告诉学生，绝大多数在择业过程中都或多或少会出现焦虑、紧张的情绪，这是正常情况。学生要用"平视"的心理态度对待求职，要有平常心。同时，要明白，自己紧张焦虑，别人也可能会紧张焦虑，如此，紧张的心情也许可以平静下来。对于实在是无法缓解紧张、焦虑情绪的学生，可以推荐到心理咨询中心由专业的人士帮助进行放松训练，缓解紧张、焦虑的情绪，以更积极的态度，更好的热情投入到求职中。

第四，引导学生正确地看待求职。有些学生喜欢朋辈之间进行比较，造成心理失衡及自卑，从而不敢求职；还有的家长灌输不正确的求职观念，如，不顾子女的实际情况认为子女完成了大学学业就必须找个好工作。要知道随着大学教育的大众化，大学生已经并不能只凭借大学文凭就能找到所谓的好工作了。这些不正确的观念会让学生产生自卑和焦虑、过分紧张等不良情绪。因此辅导员要正确引导学生，让学生有正确的是非判断的能力，理性对待这些不正确的观念，以良好的精神面貌和心态对待就业。最后，辅导员还可以引导学生在求职遇到挫折后，运用一些激励自己的方法和技巧，进行心理调节与控制，学会自我激励，重新树立信心。同时，建议参加一些有意义的娱乐活动，放松自己，或是向家长、朋友倾诉，合理宣泄。

三、创新、创业指导

大学生创新、创业是时代的要求。随着当前经济发展速度的放缓，就业竞争也将越来越激烈，创新、创业将成为新的常态。因此，对青年大学生而言，只有摒弃安于现状的就业心态，积极培植奋发进取、创业创新的精神，才能更好地适应未来社会的发展，实现人生价值。通过实现就业创业教育转化，能有效提高大学生的就业创业能力和素质，进而提高就业竞争力，这也是就业教育走出发展困境的需要。

对于大学生创新、创业的指导，第一，要引导学生了解目前国家各机构的创业政策。完善的政策支持是推动大学生就业教育有效运行的条件保障。李克强总理在2014年召开的夏季达沃斯论坛开幕式上首次提出"人人创新、万众创新"的概念。在2015年的全国两会期间，"大众创业，万众创新"被写入政府工作报告，自此，"大众创业，万众创新"逐渐引起社会公众的关注。2015年，国务院出台《关于大力推进大众创业万众创新若干政策措施的意见》（国发〔2015〕32号），这份文件的出台，标志着"双创"时代的来临。为营造"大众创业、万众创新"的政策环境和社会环境，据不完全统计，截至2016年年初，国务院共出台"双创"政策文件20余份，如2015年7月1日出台的《关于积极推进"互联网+"行动的指导意见》（国发〔2015〕40号）、2015年3月2日出台的《关于发展众创空间推进大众创新创业的指导意见》（国办发〔2015〕9号）等。这是国家层面出台的相关文件，充分体现了国家对"双创"的高度重视。另外，出台"双创"相关配套文件40余份。如2014年5月出台的《关于大学生创业引领计划的通知》（人社部发〔2014〕38号）、2015年1月出台的《关于做好留学回国人员自主创业工作有关问题的通知》（人社厅函〔2015〕19号）等，支持青年大学生就业创业。同时各地方政府还出台了相应的政策，那么这些信息，有励志与创业的学生都应该了解。

第二，引导学生正确认识自己。了解自己是否适合创业。青年大学生要思考将何种职业理想放在首位，即根据自身的条件和外部环境以及自身追求的利益，确定自己最适合干什么。作为一个世界观、人生观、价值观尚未完全成熟的大学生，如何在多元的职业理想中找到适合自己未来发展的"坐标点"，绝非易事。通过系统性、科学性的就业教育活动，深入分析影响大学生职业发展的经济社会形势，引导大学生进行合理的自我评价。在此基础上结合经济社会发展形势和大学生的个性特点，以促进大学生长远职业发展为目标，帮助大学生分析利弊，确定职业发展的定向。要认真分析自己的长处与短处，了解自己是否具有创新思维和创业能力，更好的补齐短板发挥优势，促进人生价值实现。

第三，提升学生的创业知识。创业知识是提升创业能力的基础条件，这些知识内容以问题为导向，同时，这些知识绝不是简单的嫁接，而是结合创业就业活动实践需要进行整理加工的，如结合"双创"背景所进行的就业创业规划教育、创业规划教育、就业创新教育等。这些知识既体现了"双创"时代经由就业转向创业的要求，又能有效帮助大学生。

第四，要全方位开发开放就业实践基地和创业孵化基地，通过就业实践基地的体验，有意识地培养大学生经由就业实现创业的观念；通过创业孵化基地的体验，进一步夯实创新创业的信念，要创新就业创业实践锻炼的方法，要转变传统的就业实践锻炼模式，要真正能提供有效的实践平台，多指导学生。如，指导学生参与一次公共活动的设计与组织，一些小创业活动的方案设计等；组织学生到学校或市区的孵化园参观，到创业公司实地走访，让学生把所学的创业知识用到实际，或是与真正的创业公司进行对比、思考，不断地学习和成长。组织优秀创业的校友回校进行演讲，讲述创业过程等。第五，注意创业学生的心理引导，让学生能正确面对创业失败等挫折事件。学生要在创业过程中学会独立自主、敢于实践、用于创新。创业也是一种职业生涯、一种事业方式，一种成长的过程。创业过程中的个人成长与提高要比创业的结果更为重要。学生要有良好的创业心态，能在失败中总结原因。总之，在现实教育中，要把就业教育与创业教育结合起来，要把专业教育与创业教育结合起来，要在学生中形成"双创"的氛围，对学生进行合理的分析，做好适合的、有能力创业的学生的创业引导工作。在实践中要结合现有的就业教育模式进行创造性的转化，实现就业、创业的有机融合，增加大学生的创业教育，提高大学生的创业能力。

总之，大学生就业指导不单是帮助学生择业，就业指导教育从根本上说实际上是学生的"三观"教育。应该在就业指导教育中用"三观"教育助推就业教育引导。正确的世界观、人生观、价值观是大学生形成正确就业观的基础，大学生理想信念教育能为就业教育奠定基础并为正确就业观的形成指引方向，大学生就业观教育同时为理想信念教育提供鲜活内容，为大学生形成正确就业观提供保证。新时期大学生择业观教育的实质和核心内容是人生观、荣辱观、人才观、自我实现观等价值观教育，应处理好价值观教育和择业技术教育的辩证关系，努力做到理论教育与社会实践、心理健康及人格教育的紧密结合。用社会主义核心价值观引导大学生树立正确的就业观，调整就业期望，保持良好的择业状态，促进大学生既关注自我，又关注社会，在两者之间寻找到平衡点。让学生"既会脚踏实地，又能仰望星空"。同时，针对毕业生求职中存在虚假包装、随意毁约等不诚信现象，加强学校监督，开展诚信教育，进行个人诚信评价，建立诚信档案，设立奖惩机制，多方位促进毕业生诚信意识的形成。以就业指导为载体，把思想政治教育融入其中，让思想政治教育落地，两者良好的结合，做好以就业指导为载体的隐性思想教育。

【第九章】
以社会主义核心价值观为引领的校园文化育人

大学文化是育人之纲，校园文化内涵的挖掘和提升，是大学建设的永恒主题。校园文化也是隐性育人的重要平台。大学生思想政治教育应该有效借助校园文化这一载体。如何把社会主义核心价值观贯彻到校园文化之中？如何做好"以社会主义核心价值观为引领的校园文化隐性育人"？

第一节 社会主义核心价值观融入高校校园文化建设的必然性

一、校园文化概述

文化是人类社会特有的现象，它伴随人类社会的产生而产生，伴随着人类的发展而发展，是人类文明的积淀和体现。文化的核心是所属阶级的共性价值观，一种文化一旦形成就会在一定范围内具有相对稳定的影响。价值观和语言是文化最重要的两个要素，价值观是文化的灵魂，语言则是文化的主要信息载体。对"校园文化"的研究来说，其词义概念的雏形最早来源于美国学者华勒（W. Waller）1932年出版的《教育社会学》(*The Sociology Teaching*)一书中使用的"学校文化"一词。在我国，最早在1956年中国高等教育的编年史中出现"校园文化"的概念元素。但是关于高校校园文化的研究直到20世纪80年代中期与校园文化研究相关的专题文章才开始出现。人们对校园文化的研究视角不一样，给出的概念也不一样，比较有影响力的学说主要有"亚文化说""意识形态说""物质精神总和说""系统说"等。"亚文化说"认为文化分为主文化与亚文化，校园文化属于重要的一种亚文化，它以校园为中心，以师生的文化实践活动为载体，并受社会主流文化与其他亚文化的影响而形成的一种文化。"意识形态说"认为校园文化是由教师和学生在学校这一特定的环境中创造的一种校园意识形态。"物质精神总和说"，认为校园文化指学校在长期的育人实践中逐步营造的具有学校特色的物质财富和精神财富的总和。"系统说"，认为校园文化是校园物质文化、制度文化、精神文化和行为文化组成的不可分割的有机整体。[39]校园文化作为文化的一种特定形态，随着学校的产生和发展，必然涵盖主体、客体、环境等基本要素。从校园文化的形态来看，以静态的角度来分析主要涵盖物质文化、精神文化、制度文化等。从校园文化的运作来看，以动态的分析主要涵盖行为文化和网络文化等。

综上，我们可以将校园文化的概念界定为：校园文化是指学校全体师生（包括曾经的校友）在长期办学实践的过程中，以先进文化为主导，以文化活动为载体，以校园为主要活动空间，以校园精神、价值观念为底蕴，所创造的学校物质文明和精神文明的总和。校园文化是社会文化的重要亚文化，是社会多元文化交流交融交锋的重要体现，是学校精神的外在体现和涵养基础，决定着"培养什么人""如何培养人"的关键性问题。

高校校园文化功能也和文化的基本功能一样，在于教化人、引导人、塑造人、熏陶人、培育人。具体来说，高校校园文化的功能有：第一，教育功能。高校校园文化的教育功能主要表现在两个方面，一是思想教育功能。思想教育功能就是帮助广大师生员工树立正确的世界观、人生观、价值观，坚定理想信念和培养良好道德品质。二是传播知识的教育功能。传播知识的教育功能，是指可以通过更多的宣传和媒体手段拓宽课堂教学的主渠道，丰富广大师生学习科学文化知识的方式和方法，拓宽广大师生学习的信息量和知识面，并通过实践等方式有助于广大师生将学习知识的能力转化为理解思考的能力和创新创造的能力。第二，导向功能。高校作为知识的殿堂、科学的圣地和人才的摇篮，其形成的文化氛围和文化环境，必然对校园人有着显性或隐性的导向作用。这种导向功能，就是通过一定的文化活动把广大师生引导到高校所追求的价值取向上来。这就需要高校坚持以社会主义核心价值观来作为校园文化建设。第三，陶冶、凝聚功能。高校校园文化，要能陶冶师生的人格和灵魂，这种陶冶和指导塑造作用是无形的，又是无所不至的，对师生的影响巨大。同时高校校园文化也应包含全体师生员工共同的价值观念、理想信念、行为规范等群体意识，可以使广大师生员工产生归属感，增强凝聚力。第四，激励功能。从心理学的角度看，每个人都希望在某个组织中得到认同与尊重。高校师生也同样有这样的需要，这就决定了一个好的高校校园文化必然会有激励功能。第五，约束功能。高校校园文化的约束功能，就是指高校校园文化能够释放出一定的道德评价标准和心理制约力量，使师生员工的言行受到一定的制约和控制，进而符合师生共同准则。这种约束功能一方面体现在"法"的硬约束上，另一方面体现在"德"的软约束上。第六，辐射功能。高校作为教育体系的塔尖，必然会对其他社会亚文化产生重要的带动作用，这种作用是高校校园文化辐射功能的发挥。所谓辐射功能，是指高校校园文化作为一种先进的、高层次的文化对其他社会亚文化的一种发散吸引聚合的功能。此功能主要通过两个途径发挥作用，一是高校师生的社会影响。高校师生走向社会后，会以良好的文化素质和文明修养去影响别人。二是通过传播知识的影响。大学作为社会的智库、思想库和知识源，所传播的文化科技知识会影响到社会生活的方方面面，甚至会引起社会政治、经济、文化的重大变革。第七，娱乐功能。高校校园文化的娱乐功能就是指通过开展喜闻乐见的校园文化活动，使广大师生心情愉悦、精神放松、情操得到陶冶的调试功能。广大师生在紧张的学习和工作之余，通过参加自己喜欢的文学、艺术、体育、演讲、影视、实践等活动，在愉悦身心、解除疲劳的同时，也促进了自己身心的健康。[40]

二、社会主义核心价值观融入高校校园建设的必然性

人们在认识和改造世界并创造和实现价值的过程中，必然会逐渐形成关于判断和衡量价值客体基本标准与尺度的某些观念，这就是价值观。

在马克思主义哲学的语境中,价值观是人们对价值以及价值关系的最根本的主观认识或表达,是人们用以判断和衡量价值客体基本标准与尺度,是一个社会意识形态的核心内容。价值观是在一定的社会环境和人的实践活动中,通过主客体的分化、自我意识的形成和对需要的把握,并受物质生活条件和文化历史传统的影响,而逐渐形成的,对人和社会的影响是深远的、深刻的,是人们用以判断和衡量价值客体的基本标准与尺度,是一个社会意识形态的核心内容。价值观是一个国家的主心骨,是一个民族的灵魂,是文化的精神和本质,是文化竞争的核心要素。

在《辞海》中"核心"的主要意思是指中心,引申为起主导作用的部分,如领导核心、核心作用[41]。因此,核心价值观也应包含三个意思:一是价值观体系的中心;二是在价值观体系中起主导作用的价值观;三是价值观体系中的主要部分。马克思曾指出:"统治阶级的思想在每一个时代都是占统治地位的思想。"[42]在人类历史上任何统治阶级都会不遗余力地培育自己的主流价值体系和主流价值观,并将之上升为国家的核心价值体系和核心价值观。总之,核心价值观是指受统治阶级推崇或倡导的,能够体现社会主体成员的根本利益、价值诉求,对社会变革与进步起维系和推动作用的价值取向。

社会主义核心价值观是中国共产党在中国特色社会主义建设的基础上,把马克思主义基本理论与中国优秀传统文化相融合,同时吸收人类文明的优秀成果,在社会主义核心价值体系认识的基础上,凝练出来的最新理论成果,是中国共产党长期致力于核心价值观建设的结晶。核心价值观对社会而言是非常重要的。习近平总书记多次指出,社会主义核心价值观是凝聚社会共识的"最大公约数"。[43]高校的校园文化属于亚文化的一种,任何社会的亚文化都离不开同一时期的主流文化的影响。社会主义核心价值观是我国社会主义文化的核心内容,那自然也是我国高校校园文化建设的主要内容和精神内核。同时高校校园文化是现代社会文化的重要平台,因此,高校是文化建设的制高点,是培养社会主义合格建设者和可靠接班人的重要场所。因此,高校的校园文化建设必然要融入社会主义核心价值观。在高校培育和践行社会主义核心价值观,就是要广大师生员工理解、认同和实践科学理论,树立共同的价值观念,促进师生和学校的事业又好又快的发展。推动广大师生树立正确的世界观、人生观和价值观，促进其成长成才、全面发展。

第二节 社会主义核心价值观融入高校校园文化建设的内容

做好社会主义核心价值观融入高校校园文化建设的工作，就应以"高校"的视角分析社会主义核心价值观融入校园文化的内容，尤其要理清融入校园文化的合理性和规律性。"倡导富强、民主、文明、和谐，倡导自由、平等、公正、法治，倡导爱国、敬业、诚信、友善"为主要内容的社会主义核心价值观，是对社会主义核心价值体系的继承与凝练，是对马克思主义理论与中华优秀传统文化、西方优秀文明成果的融会贯通、创新升华，是新世纪我们党的最新理论成果，是社会主义先进文化的精髓和内核。因此社会主义核心价值观的这三个层次，十二个方面都是我们做好社会主义核心价值观融入高校校园文化建设的融入内容。

一、国家层面的价值目标

"富强、民主、文明、和谐"是作为国家层面的社会主义价值目标。"富强"，即国富民强。是近现代以来华夏儿女为之奋斗的伟大目标。中国很早就有富民强国的思想，例如孔子曾设想的大同社会，管子强调的"治国之道，必先富民"，司马迁憧憬的"上则富国，下则富家"等。虽然鸦片战争以来，中国一度陷入落后挨打的境地，但无数优秀的中华儿女依然为了国富民强前赴后继。经过多次失败与探索，最终，责任落到了共产党人肩上。共产党人在探索富强的道路上进行了许多尝试，带领人民进行了改革开放，在改革开放的40年，中国经济快速发展，初步实现了国富民强。目前，受多元文化的影响，部分大学生的富强价值观存在一些困惑，因此。在平时的工作中，应该向学生宣传社会主义富强观，把富强观融入校园文化，要纠正部分学生认为国家富强只是党和政府的事情的错误心态，做工作时要把社会和公民层面的价值取向和价值准则结合起来，要把实现师生个人理想、实现学校跨越发展和实现国家富强的中国梦结合起来，把理想信仰教育和职业生涯规划结合起来，理论联系实际，为大学生的思想和行为提供价值标准，以实现价值引领和社会秩序的整合。

在中国"民主"一词最早见于《尚书》，如"天惟时求民主"，"诞做民主"等，大意是君主为民做主之意。朴素民主观念一直包涵在中国儒家的"民本"思想中。民主具有普遍性，又有历史性和相对性，不同的国家、民族受历史传统及政治制度的影响对民主的理解和追求是不尽相同的。中国共产党始终坚持以推翻专制和剥削制度，建立民主社会为己任。我们党领导全国人民建立了新中国，奠定了人民当家作主的基础，开辟了一条中国特色社会主义政治发展道路。改革开放以来，我们进行经济体制改革，同时逐步实现了坚持党的领导、人民当家作主和依法治国的有机统一。中国特色社会主义民主一方面保证了人民当家作主，一方面可以实现集中力量办大事。高校师生作为社会先进的知识分子群体，民主意识相对较高，批判意识相对较强，对社会的民主改革也较为关注，因此对广大高校师生进行社会主义民主宣传教育非常有必要。但是受西方不良思潮、我国民主建设出现的问题及自身辨别分析能力制约等方面的影响，在部分高校师生中还存在着一些错误的民主观。我们在进行社会主义民主观教育时，必须针对错误认知展开有理有据的针对性辩驳，使广大师生认清资本主义民主的虚伪性、欺骗性与丑恶性，坚定我们社会主义民主的信心。学生工作者在教育管理服务学生的过程中，要在广大学生中营造民主的氛围，将民主意识融入学生的生活、学习之中，鼓励学生积极参与民主实践，以不断提升学生的民主素养。

文明是人类共同的期盼和不懈的追求。建设文明国家，是中国共产党人始终不变的价值诉求，一直在理论上和实践上对建设高度发达的物质文明和精神文明进行探索。在社会主义精神文明建设中我们要以马克思主义为指导，继承中华优秀传统文化，借鉴世界各民族优秀文化，吸收人民大众健康文化，注重全民思想道德建设。社会对高校师生在社会主义文明建设中的作用，赋予了更多的社会期望。大部分大学生的文明价值观和文明形象较好，但是少部分大学生还是存在一些不文明现象，主要表现为：各种形式的考试作弊，说脏话，乱扔垃圾，插队，上黄色网站、"漫骂式"跟帖，上课迟到、玩手机、吃东西，图书馆、教室的乱占座位等现象。这就需要我们扎实做好社会主义文明价值观融入高校校园文化建设的工作，帮助大学生形成正确的文明观。

"和谐"是中国传统文化的核心理念，它贯穿于"和而不同"的个人修养、"以和邦国、以谐治民"的国家治理、"大同之世"的社会建构等各个方面。构建和谐社会是中国共产党人不懈追求的一种治国理念，一种价值追求和努力方向。在构建社会主义和谐社会的过程中，高校师生应该成为培育和践行社会主义和谐观的先进群体。广大高校师生在马克思主义的指导下，要深入挖掘整理中华优秀传统文化讲仁爱、尚和合、求大同的优秀和谐价值观念，积极弘扬中华民族在处理个人身心关系、人人交往关系、族群集体关系等方面的和谐智慧，努力形成共生、尊重、责任意识，实现个人自身及个人与他人、社会、自然的和谐相处，为自身的健康成长创造条件；不断探寻社会主义和谐价值建设规律，努力践行"民主法治、公平正义、诚信友爱、充满活力、安定有序、人与自然和谐相处"的社会主义和谐价值观，为和谐校园、和谐社会的建设贡献自己的力量。

二、社会层面的价值目标

"自由、平等、公正、法治"，是社会主义核心价值观在社会层面的价值取向，是立足社会层面对社会主义核心价值体系的高度概括和凝练。

自由，是人类共同的价值追求。中国共产党领导全国人民建立新中国后，实行中国特色社会主义，为广大人民个人自由的实现奠定了坚实基础。但是，实现人的自由全面发展是一个受社会生产力发展、全体人民觉悟和素质水平等因素制约的一个长期而艰巨的历史任务。自由对于大学生形成独立人格、激发创新意识、形成批判精神、实现自我价值、提高主体意识来说尤为重要。然而，我国大学生在自由意识和自由行为方面也有一些不良的现象，如家庭环境和个人成长经历影响，少数大学生自由意识薄弱；受西方极端个人主义的影响，少数大学生个人主义倾向严重；受以自我为中心思想的影响，少数大学生只讲权利而忽视义务等。因此，要做好社会主义自由观融入高校校园文化建设工作，加强针对性教育引导和锻炼培养，对于大学生克服自身问题，锻炼独立思维、培养集体观念、形成正确的社会主义自由观，进而实现全面发展，有着十分重要的意义。

平等，是人们的基本社会诉求，即人们希望相互间处于相同的社会地位，在政治、经济、文化等方面享有相同的权利。平等的含义在不同的时代、不同的国家、不同的民族都有不同的理解，但却是人类共同向往的理想价值。中国一直是一个追求平等的国家，早在封建社会时期的农民起义就提出过"均贫富，等贵贱"的政治主张。社会主义主张的平等不仅包括政治、经济、社会的平等，还包括权利、机会、身份和资源的平等。倡导并促进平等，是社会主义的本质要求。在当前的社会主义初级阶段，各种各样的不平等现象还普遍存在，譬如城乡不平等、官民不平等、收入不平等、教育机会不平等。我们实现平等的道路还很漫长，还需不断的努力。目前，部分高校师生也面临一些不平等的困扰，主要表现在：由于一些学校在制度设计上不够科学及权力腐败、缺少监督等原因教师在科研评价、职称评定，工作晋升等方面有一些不公正、不平等的现象；学生方面，由于个人发展基础、信息获取渠道、不良社会风气影响等原因在评奖评优、考研留学、工作就业等方面有一些不公正、不平等的现象。面对这些困扰，部分高校师生容易产生偏执甚至错误的认知，产生一些的不良情绪，影响自身心理健康、人际关系、发展信心甚至是正确的社会认知。所以我们把社会主义平等观教育融入校园文化建设，这样有利于引导高校师生形成正确的平等价值观，有利于提高高校教育管理服务水平，有利于高校和高校师生的健康、持续、和谐发展。

公正，是人类社会一直以来追求的价值理念和社会目标。通常来说，我们把公正看成"公平正义"的同义语，通常指一种对待人和事的不偏不倚的态度。实现社会公正是中国共产党人不倦追求的奋斗目标，也是中国特色社会主义的本质要求。新中国成立后，尤其是改革开放以来，我国国力不断增强，为社会公正提供了坚实的保障。目前，我国正处于社会转型的关键期，社会上在收入分配、户籍制度、就业、教育、医疗、住房民生等方面，还存在一些不公正的现象。我们要看到这是前进中的问题，问题的解决要靠改革，只有深化经济、政治和社会体制改革，才能尽快建立健全社会公平保障体系。在工作中应深入了解当代高校师生对公正问题的认识和看法，分析和总结其公正价值观在形成和践行的过程中存在的问题，并在此基础上施加教育引导，帮助他们树立正确的社会主义公正价值观。

"法治"是一种治国理念或治国方略，其基本内涵在于，将法律作为治理国家和社会的最高标准，任何人和机构不得凌驾于法律之上。[44]从新中国成立至今，我们的法治建设充满了探索的艰辛。从学习苏联的法治建设，到"文化大革命"的法治破坏，再到改革开放以来的法治的恢复、建设与完善，一直到21世纪以来实行依法治国建设社会主义国家和社会主义法制体系的完善，体现着中国共产党领导全体人民建设社会主义法治国家的不懈努力。高校师生的法治观念普遍较强，但在部分大学生中存在法治观念较强，但法律践行的主动性不足的现象。部分大学生还是普遍缺乏系统专业的法律知识，法律维权意识和维权能力相对较低。这就要求我们要深入做好社会主义法治价值观融入高校校园文化建设工作，加大法律知识的宣传教育，组织大学生积极参与法律活动的实践，不断提高大学生的法治观念，自觉维护社会主义法律权威。

三、个人层面的价值目标

"爱国、敬业、诚信、友善"是社会主义核心价值观在个人层面的要求和规范，贯穿于公民道德建设的各个环节，涵盖了社会公德、职业道德、家庭美德、个人品德等各个方面，是与包括高校师生在内的广大人民群众日常生活密切相关的基本价值准则。

爱国，就是热爱自己的祖国，是对祖国和民族无限忠诚、热爱和报效的思想与行为的表达。"爱国"一词内涵丰富，我们通常所说的"爱国主义"是在"爱国"这个层面的理解。中华民族一直就有爱国的传统。从古至今无数爱国的中华儿女谱写了一曲又一曲可歌可泣的赞歌。那么在当代中国，爱国又应该如何表现呢？在当代中国，爱国主义主要表现在献身于中国特色的社会主义伟大事业，献身于维护全民族团结统一，献身于祖国和平统一大业。[45]目前强调爱国是理性的，而不应是盲目的、冲动的。改革开放以来，由于我国发展突飞猛进、日新月异，极大振奋了中国人民的民族自豪感和爱国热情。当代中国民众认同爱国主义的是绝大多数，当前是我们中华民族实现伟大复兴的关键时刻，讲爱国就是要努力做到热爱祖国、热爱社会主义、拥护中国共产党的领导、传承民族精神、发扬时代精神，建设好有中国特色的社会主义，这就是最理性的、最彻底的爱国。高校师生的爱国情况，整体状况是不错的。当前高校的学生主体是90后，他们是伴随着中国经济高速发展成长起来的一代，没有感受过社会的动荡，也没有经历过物资的匮乏，是真正富裕长大的一代。他们的爱国情感是热烈的，特别是在民族自豪感，民族自尊心上明显更强。但大学生年轻气盛，有时遇事容易冲动，不理性，因此容易不理性爱国，要加强大学生理性爱国教育，把爱国和学生实际生活、工作联系起来。将爱国教育化为具体的爱家乡、爱集体、爱他人、爱社会、爱祖国河山之中，化为具体的遵守社会公德、社会秩序、遵纪守法的日常生活行动之中，融入对大学生的国家历史、文化、国情教育之中，融入大学生智育、美育、德育和社会实践、志愿服务之中，把大学生的爱国之情培养起来，并将之转化为具体的报国之志和报国之行，努力成为一名为建设富强民主文明和谐的社会主义现代化国家做出应有贡献的爱国者。

敬业，简单来说就是认认真真、踏踏实实地做好本职工作。一般来说，敬业精神，就是指职业人对待职业及其活动的总体态度和精神状态，它包含对职业价值的高度认同，热爱职业的情感态度，主动工作的意志倾向，精于工作的行为意向。当前，我们社会的敬业精神还略显不足。对此，我们要加大公民职业感和职业精神的教育，培养忠于职守的职业态度，挖掘传统优秀文化中敬业文化的部分，在社会上继续发扬"干一行爱一行"的精神，逐渐形成爱岗敬业光荣、消极怠工可耻的良好风气。做好社会主义敬业观融入高校校园文化建设工作，不断提升高校师生的敬业精神。敬业精神最好体现就是做好本职工作，教师就要做好教书育人，学生就要学好文化知识。同时把敬业精神与职业生涯规划，专业知识融合起来，让学生树立良好的敬业精神，认真学习科学文化知识，这样既能帮助学校形成良好学风；同时培养良好的敬业精神，有助于学生树立正确的职业理想、职业道德和职业规划，实现知识、能力、素质的协调发展，形成正确的就业、择业、创业观念，培养创新意识、踏实作风和奉献精神。

诚信的基本含义就是人们做人做事要做到诚实无欺、讲究信用，这既是做人的基本道德，也是规范社会的基本伦理准则。在我国，从古到今都把诚信作为修身齐家治国平天下的基本道德要求和前提。当代中国，随着市场经济的不断完善及和谐社会的不断构建，诚信作为公民的基本品质和社会的基本规范的要求愈来愈明显。在高校践行诚信价值观，就是要做到为人做事要诚信。目前，部分学生缺失诚信意识，如学生中存在抄袭作业、代替上课、考试作弊、虚假简历、随意违约等不诚信问题。因此，在高校中加强诚信教育、建立诚信机制十分必要。我们应不断提高自身的学习诚信、交往诚信、和择业诚信素养，成为社会主义合格公民。

友善是现代社会成员求得共同生存、共同发展的必不可少的要求。要弘扬社会主义友善价值观，就要倡导人与人交往要真诚和宽容，克服冷漠与偏见。如，在生活中要帮助邻居，工作中要友善对待同事等。在高校践行友善价值观，最重要的要做到人际关系友善，学生要做到尊敬师长、团结同学，当代大学生在整体上来看，友善待人、文明礼貌。但是也有一部分学生有不讲文明礼貌、一点儿小事就过分苛责同学等不友善的现象。因此，要在高校中弘扬社会主义友善观，使大学生们逐渐养成善待他人、与人和善的觉悟，使友善成为他们的品质和性格。

第三节　社会主义核心价值观融入高校校园文化建设的途径

厘清社会主义核心价值观融入高校校园文化建设的途径是社会主义核心价值观融入校园文化建设的关键。那么社会主义核心价值观融入校园文化有哪些途径呢？冯刚教授在2013年高校校园文化建设研讨会上的观点，即高校校园文化要重点做好"精神文化、制度文化、行为文化、物质文化和网络文化"建设。[45]因此，社会主义核心价值融入校园文化可以从这五方面切入。结合学生工作的实际情况，学生工作者应重点从精神文化、行为文化、网络文化这三部分切入。

社会主义核心价值观融入高校精神文化。高校精神文化是指高校人在校园生活与实践活动中形成的群体精神，包括高校的历史传统、办学理念、高校精神、校训校风、学风教风、科研精神等。它是高校校园文化的核心和灵魂，将社会主义核心价值观融入高校精神文化建设，就是要用社会主义核心价值观引导高校精神文化。高校精神文化是一种隐性文化，主要通过学风、教风和校风体现出来。作为学生工作者，重点应抓好学风建设工作，做好此工作是对社会主义核心价值观的践行。要通过对学生加强价值观的教育，端正学生的学习态度、狠抓日常管理，完善评价机制等方法，做好"学风"建设。同时，在思想政治教育中，要加强社会主义核心价值观的教育，努力构建全方位育人格局。除在课堂、班会宣讲等方法外，还应根据当代大学生的思想和心理特点，积极创新教育形式。用大学生喜闻乐见的方法，潜移默化的影响他们，让学生逐步充满"正能量"。学校要做好社会主义核心价值观融入中华优秀传统文化。中华优秀传统文化是我们中华民族的文化之根、思想之源，是社会主义核心价值观的土壤和基础，很多中华优秀传统文化的思想和元素都是社会主义核心价值观的直接或间接来源。因此在高校中弘扬中华优秀传统文化，对民族文化的保护和发扬，树立民族文化自信，对涵养社会主义核心价值观，推动大学精神的形成和弘扬，有积极的意义。学生工作者，尤其是辅导员要在课余活动中加强弘扬中华优秀传统文化的力度，创建高雅、健康的文化活动品牌。如开展国学经典诵读、"汉字听写"大赛、中华美文诵读大赛等有意义的活动，并充分发挥学生会、学生社团等学生组织的作用，逐渐形成涵养和弘扬中华优秀传统文化的品牌活动，进而提高广大师生对传统文化的兴趣和修养。

社会主义核心价值观融入行为文化。社会主义核心价值观融入高校校园文化建设水平的高低，最终是通过广大师生落实和体现在的日常行为中。要让广大学生把理想信念、价值追求最终落实到自觉行动上成为社会主义核心价值观的践行者、推动者。要加强大学生日常行为规范建设，要让学生努力做到勤奋学习，刻苦钻研，追求真理，崇尚科学，积极实践，勇于创新；要遵守宪法、法律法规，遵守校纪校规，要正确行使权利，依法履行义务；要诚实守信，严于律己，尊敬师长，友爱同学，勤俭节约，艰苦奋斗，热爱劳动，生活俭朴；要弘扬传统美德，遵守社会公德，男女交往文明，文明使用互联网；争做"爱国、敬业、诚信、友善"的好公民。社会主义核心价值观融入行为文化还应该体现在学生校园活动中。要在校园活动中体现社会主义核心价值观。如，丰富积极健康的校园文化活动，调动广大学生的参与积极性，把社会主义核心价值观融入校园活动中，如可以开展优秀诗歌朗诵比赛、"我心中的社会主义核心价值观"演讲比赛等一系列广大学生喜闻乐见的有关于社会主义核心价值观的活动。结合学校特色、地方特色、行业特色积极探索开展品牌文化活动，打造一批反映社会主义核心价值的文化活动品牌，构建属于自己大学文化的品牌体系。不仅如此，还应该结合实践活动，把社会主义核心价值观融入实践活动中。高校培育和践行社会主义核心价值观离不开社会实践，其是培育大学生社会主义核心价值观的重要途径和方法。大学生社会实践活动的主要形式是实习见习、寒暑假社会实践、志愿服务等。在大学生社会实践活动中融入社会主义核心价值观，主要应是通过社会调查、生产劳动、志愿服务等形式，培养大学生服务国家、社会的责任感。开展好坚定理想信念实践，以团校、党校、为依托，以清明节、"五四"青年节、"七一"建党节、"八一"建军节抗战胜利日、"十一"国庆日、"一二·九"运动纪念日等为契机，以"红色"爱国主义、革命主义教育基地为平台，积极开展红色教育实践活动，深入革命历史遗址参观学习，提高学生的政治觉悟和理想信念。要开展好志愿服务社会实践，培育社会主义核心价值观，实践尤其是志愿服务实践，例如以"暑期三下乡"活动为契机，做好支教、支农、服务留守儿童等实践活动，培养大学生的社会责任感、爱心等。

　　社会主义核心价值观融入校园网络文化。目前，网络已经融入我们生活的方方面面，因此必须在校园网络文化中融入社会主义核心价值观。社会主义核心价值观融入校园文化首先要注意打造好平台。在工作中同时注意硬件和软件建设，只有这样才能为社会主义核心价值观融入校园网络文化打好坚实的基础。要建立好门户网站，在门户网上灌输和传播社会主义核心价值观。要注意用学生喜爱的形式，这是最基础的工作。积极整合各部门资源，加强网络平台及各种应用APP的开发，提高信息化服务师生的水平，让师生切实感受到网络带来的服务质量的提升，做好服务育人工作，把社会主义核心价值观融入对师生的各种贴心服务中。要重视新媒体建设，整合好传播社会主义核心价值观的各级新媒体平台，要积极利用微博、微信、QQ等新媒体，构建好校园新媒体宣传教育矩阵。及时有计划地、全面地在新媒体中传播和弘扬社会主义核心价值观，推送正能量的信息，弘扬社会"正"能量，让"正能量"始终充满高校网络文化，影响着在"网络世界"徜徉的大学生。发挥新媒体灵活、快捷、多变、互动等的优势，增强教育的吸引力、感召力。以丰富多样的形式宣传社会主义核心价值观。在信息时代的背景下，网络世界各种信息铺天盖地，纷繁复杂，那么在我们的工作中要注意内容的吸引力，只有内容好，才能吸引学生，进而潜移默化地用社会主义核心价值观影响他们。因此高校网络文化内容建设一定要关照到广大学生的学习、工作、生活的方方面面。同时要创新形式，如，积极推送既能体现时代精神，又能符合学生口味的"正能量"的微电影、微动漫、微视频等，千方百计吸引学生，还应注意要逐步完善网络管理监控机制。互联网是"双刃剑"，我们在利用其带来的便利和欢愉的同时，也应该注意其带来的负面影响，要不断完善网络管理监控机制。要坚持网络服务与管理相结合的原则，在遵循信息网络特点和规律的基础上，加强网络引导、管理和监控，营造良好的网络生态环境。学校及时进行网上管理监控和舆情引导，过滤和净化网络环境，建立全方位的网络安全体系；建立健全相关规章制度，用制度体系保障高校网络文化建设的健康、持续发展和社会主义核心价值观融入高校网络文化的途径及要求。如，平时要建立相应的网络舆论监控体系，要制定大学生互联网规范，引导大学生规范、文明使用电子产品，要禁止正常休息期间在宿舍打网络游戏等影响他人休息的行为，禁止上课期间玩手机等电子产品，倡导大学生文明、健康上网，不浏览黄色网站、不在网络上散布谣言、反动言论、诋毁他人等。

总之，社会主义核心价值观与高校校园文化建设，有一定的共同性。厘清社会主义核心价值观融入高校校园文化建设的途径，是整个"融入"工作的关键环节，在工作中要不断探索、不断总结，不断提升理论和实际水平。

【第十章】
社会实践育人

坚持立德树人是教育的根本任务之一，在高等教育中培养学生必须坚持把思想素质、创新精神、实践能力和人文素养等多方面的培养贯穿于人才培养的各个环节和整个过程。着力提高大学生的社会责任感、创新精神和实践能力，这是全面提高高等教育的关键。立德树人的出发点和落脚点都在于培养德智体美全面发展的社会主义建设者和接班人。而实践育人作为高校人才培养的重要环节，是课堂教育的延伸和升华，也是促进人的全面发展的根本途径。实践育人坚持手脑并用、知行合一、理论联系实际的理念，融入了参与式、体验式和互动式等教育方式和手段，把大学生的全面发展和个性发展有机结合起来。因此，坚持实践育人是提高人才培养质量的必然要求，体现了高等教育的基本规律。同时，"知行统一"是中华文化的优良传统，所以，坚持实践育人其实也是秉承了中华文化的优良传统。

第一节 实践育人概论

一、实践育人的概念

实践是我们每天都在从事的活动，是人类改造客观世界的一切活动。实践育人工作也是实践活动的一种，因此与普通的社会实践有一些基本的共同特征：（1）实践的客观现实性。实践的主体、对象和实践的手段都是客观的，实践活动开展的过程也是客观的，实践活动取得的成果也是客观的。社会实践的主体、客体以及实践手段和实践开展的过程、取得的成绩等都是客观的。(2)实践的主观能动性。实践是人类开展的有目的有意识的作用于实践客体的活动,与动物简单地为了生存目的而进行的一系列低级的、本能的活动不同。实践育人主要以提升大学生的综合素质为目标,具有明显的目的性和能动性。(3)实践的社会历史性。实践主体的实践活动是在一定的社会关系中进行的,个人的实践离不开一定的社会环境和社会成员的支持;同时一定时期的实践活动还会受到历史条件的制约,具有历史性的实践育人的开展,不仅受到经济社会发展条件的制约,还与不同社会时期的社会背景、教育发展情况、教育政策等密切相关,具有很强的历史性和现实性。但是对于大学生的实践育人又显著区别于一般的实践活动,具有一定的特殊性。第一,主体的特殊性。实践育人的主体是大学生。大学生是一个处于成长期的社会群体,他们正处于世界观、人生观、价值观形成的关键时期,他们的实践活动以学习知识、掌握技能和提升综合素质为主要任务,高校开展的实践活动对于自身的教育和锻炼意义非常重要。实践育人是培养大学生实践能力和创新能力的重要途径,也是培养大学生健康个性和健全人格的重要手段,对于大学生的全面发展具有重要的促进作用。这就决定了他们与一般实践活动的实践主体有本质不同。第二,实践育人开展目的的特殊性。高校的实践育人是在高校有目的的组织下开展,具有明确的导向性。实践的目的主要是让大学生在实践活动中学习,获得新的理论知识和实践技能,同时把之前的理论知识加以检验,努力实现自身理论学习和社会实践的结合,丰富自身的知识体系和能力结构,进而促进自身的全面可持续发展。第三,实践育人形式和内容的特殊性。实践育人作为高校育人的载体,是以大学生为主体的实践活动,大学生作为在校学生,其主要任务是学习,主要活动场所是学校。大学生的这些特点就决定了实践育人的相关内容必须与大学生这一特殊群体的基本特征相对应,在整体教学计划和安排内,通过教学实践、军事训练、主题教育、志愿服务、社会调查、创新创业、勤工助学等形式开展。

二、实践育人的理论基础

（一）"知行统一"是中华文化的优良传统

在历史悠久的中华文化中，一直有着知行统一的思想。春秋战国时代，先秦儒家学者就强调认知与践行的统一。《论语》中记载了许多有关的思想和观念，如"子以四教：文、行、忠、信"（《论语述而》）。孔子说："始吾于人也，听其言而信其行；今吾于人也，听其言而观其行"（《论语公冶长》）。孔子认为认识一个人不仅要听其言，还要观其行，强调了做人做事知行统一的重要性。先秦诸子百家中的荀子也说："知之不若行之"（《荀子儒效》）。他强调实践在认识事物中的重要作用。我国《四书》中的《大学》指出："大学之道，在明明德，在亲民，在止于至善"。大学的核心在于培育品德与行为有机统一、具有完整人格的人。《中庸》一书则指出："博学之，审问之，慎思之，明辨之，笃行之"，即求学之道在于广泛地多方面学习，详细地问，慎重地思考，明确地分辨，踏踏实实地行。明代哲学家王阳明提出"知行合一"学说，主张心与理、知与行相统一。他说："知是行的主意，行是知的功夫，知是行之始，行是知之成"（《传习录》），强调了认识与实践的关系。王阳明认为"知"与"行"是一个动态的有机整体，两者相互联系、相互包容，两者自然地构成同一个行为实践过程。王夫之说："知行始终不相离，存心亦有知行，致知亦有知行"（《读四书大全说中庸》）。他认为知行始终不可分割，相互渗透相互作用，二者相互作用才能取得更大的效果。他对知行的理解，既源于先辈又高于先辈。

知行问题的认识，一直是中华文化关于认识论的基本问题，认识基础一直植根于中华文明的沃土中，为实践育人工作提供了思想保障。中华文化关于知行问题的认知基础也传承到教育方针中。它在教育实践中的具体体现就是坚持教育与社会实践相结合。此观点一直贯穿于我国当代教育发展的全过程。

（二）实践是促进人的全面发展的根本途径

实践观是马克思主义哲学的重要内容。马克思曾在《资本论》中对此进行过阐述。他指出，实践作为人的存在方式，是一种只有人具有的生存方式和活动方式，是人类能动地改造客观世界的物质性活动，在解放生产力和发展生产力、实现人的全面而自由发展中起着不可替代的作用。实践作为人的存在方式，是一种只有人具有的生存方式和活动方式，是人类能动地改造客观世界的物质性活动，在解放生产力和发展生产力、实现人的全面而自由发展中起着不可替代的作用。人的全面发展是社会发展的终极目标。在这里，马克思谈到个人的全面性是指他的现实关系和观念关系的全面性。人的全面发展包括人的劳动活动、劳动能力、社会关系、自由个性和人类整体等方面的全面协调发展。人的全面发展要在人与社会、人与自然、人与人的和谐相处中实现。当前，我国高校部分存在着重理论轻实践，重知识传授轻应用和创新能力，与促进人的全面发展总体要求还有一定的差距。因此，我们在高等教育中要加强实践环节，这是促进人的全面发展的根本途径。因此，必须树立实践育人观念，把实践育人统筹于人才培养的全过程和各环节，纳入学校全员育人、全过程育人和全方位育人的总体布局中，形成实践育人工作的合力；完善实践育人机制，强化实践育人的领导机制、经费保障机制和队伍保障机制；构建打造实践活动平台，形成以实践教学、军事训练和社会实践为核心内容的活动体系，为大学生提升本领和增长才干搭建平台、提供机会和创造环境。

（三）实践育人是高等教育规律的集中体现

实践育人是一种有效的育人方式。通过个体参与现实活动的方式，充分调动了个体的内在因素和主观能动性，实现知、情、意、景的有机结合，最终实现个体素质的全面提升，达到有效育人。同时，实践育人也是一种系统化的育人理念。在我国实践育人的理念和做法，一直贯穿于高等教育。随着我国高等教育改革的深入开展，各高校在实践育人方面都开展了一些有益的工作，高校实践育人理念日趋完善，实践育人内容不断丰富，实践育人形式不断拓展，实践育人体制机制逐步健全，实践育人的氛围日益浓厚，实践育人规律的把握更加客观全面。例如，高校开展了形式和内容多样的实践活动，通过教学实践巩固专业知识、通过军事训练巩固军事理论知识、通过各种主题教育、志愿服务、社会调查、创新创业、勤工助学等形式进行对学生进行思想政治教育等。这些实践教育活动，符合思想政治教育规律，体现了高校实践育人的必要性、科学性和先进性，符合高校治理体系和治理能力现代化的内在要求，体现了高等教育的基本规律。

不仅如此，立德树人是教育的根本任务，强调以德立人，树人重德。因此，培养人、塑造人始终是教育的根本任务，教育的本质就是促进人的全面发展。而实践是促进人的全面发展的有效途径，所以，实践育人是完成立德树人的教育根本任务的不可或缺的途径[46]。因此，从实践育人本身的属性和对教育任务的实现两方面来说，实践育人都是高等教育规律的集中体现。

三、实践育人的特点

实践育人是基于马克思主义的实践观，并在尊重教育发展规律、人才培养规律的基础上形成的一种科学的教育理念，它与教书育人、管理育人和服务育人等一系列活动相互补充、相互促进，共同构成。高校实践育人工作是以大学生为参与主体，以形式多样、内容丰富主观的实践活动为主要载体的育人工作。实践活动形式与内容的多样性，使其有自己的一些特点。

（一）导向性

导向性是指能够使事物朝某个方向发展的特性。实践育人工作是一种目的性和针对性都很强的教育实践活动，因此具备导向性。高校实践育人工作的导向性是指实践育人工作有着明确的目标和方向，工作内容和工作形式应该以提升大学生的思想政治修养、培养大学生的专业实践能力和促进大学生的全面发展等目标为导向。从学生工作者的层面来说，实践育人工作的导向性具体体现为高校在开展实践育人的工作时，不论如何创新形式和内容，但目标都是一致的，都应根据学校人才培养方案的整体要求，围绕提高大学生思想政治素质、提高大学生德育素质的目标，对实践育人工作的开展情况和整体安排进行整体谋划，对实践的形式和内容进行周密设计，对实践育人时间、方式、内容、效果等都要有一定的预期、监控。总之，高校开展的实践育人活动允许形式多样、内容丰富，但最终还是要落脚在立德树人这点上。实践活动要紧紧围绕立德树人的根本任务，把提升大学生的思想政治素养等作为工作开展的目标和方向，这就是高校实践育人工作的导向性。

（二）参与性

参与性是实践育人工作的又一大特点，这是由实践育人的形式决定的。实践育人工作形式不同于一般的课堂教学模式，即教师在讲台上讲授，学生在教室学习。实践育人的主要形式是设计一些学生参与度高的活动。例如，组织师范专业的学生到学校实习，让师范学生真正走上讲台，体验当教师的感觉；组织学生到社区服务老人等。这些实践育人的形式，都让学生有很高的参与度。大学生是实践活动实实在在的参与者。实践育人的所有内容都是以大学生为主体开展的活动，大学生要参与活动的全过程。大学生在实践活动中，通过实践获得感悟和认识，提升自己的思想素养、专业动手技能等能力。其次，大学生参与实践育人活动会对实践育人的工作安排产生积极的互动和影响。大学生是实践活动的参与主体，学校或者教师在开展实践育人工作设计时，应尊重大学生的主体地位，根据大学生的实际情况，针对性地开展实践育人的相关工作内容，并根据大学生的意见反馈进行调整。大学生在实践育人中根据自身特点，积极参与实践育人的谋划设计和实践活动的全过程，能够提高实践育人工作的参与程度。在此过程中，大学生充分发挥自身的主观能动性，从而更好地达到育人效果。最后，大学生可以自主地参与实践过程。大学生可以根据自己的实际情况、兴趣爱好等，选择适合自己的实践内容、实践方式、实践课题，自行组织、自行设计，只在必要时候寻求帮助和指导。在这种完全自主性的实践活动中，大学生自己既是实践活动的参与者，更是实践活动的组织者和倡导者[47]。通过自行组织实践育人活动，既能够达到实践育人的主要目的，又能够全面地培养大学生的主体意识和大局意识。

（三）渗透性

渗透性原意是比喻某种事物或势力逐渐进入其他方面。那么实践育人的渗透性是指实践育人能促进其他育人目标的实现，强化其他育人工作的效果。实践育人是对大学生参与的所有实践锻炼活动的概括。它是一项系统而复杂的工程，包含的内容和形式都非常丰富和多样，如包括对专业课程的实习等。实践育人的渗透性主要体现在大学生进行理论知识学习后，经过实践，通过渗透、体验后，能更加地深刻理解本质、领会内涵，内化为自己的认识和思想。同时，实践育人工作是德育、美育、体育等育人工作的基本实现载体，是实现素质教育的重要途径；素质则需要通过长时间持久的实践，并在实践中通过思考内化，最终通过能力外现出来。个人综合素质的提高往往离不开实践的历练和升华。实践育人内容的广泛性决定了实践育人是一项系统而复杂的过程且渗透在大学生综合素质全面培养这一过程的各个环节。

（四）体验性

体验的意思是体会经历。根据体验的生成机制，体验是生理和心理、感性和理性、情感和思想、社会和历史等方面的复合交织的整体矛盾运动。俗话说，纸上得来终觉浅，绝知此事要躬行。实践育人的体验性是指在大学生参与实践活动的过程中，围绕一定的育人工作目标，根据大学生的实际情况和特点，为大学生提供、创造或者还原各种实践机会或现实情景，使大学生在参与实践的过程中深化对知识的理解和掌握，获得丰富的情感体验和感悟，获得思想素质、专业素质等的提升，最终实现育人工作的目标和效果。实践育人的体验性切合教育规律。在校大学生的学习方法以讲授为主，这样的情况下，存在部分学生参与性、积极性较差等特点，这样在思想道德素质提升和意志品德等方面的教育作用就较为有限。实践育人的体验性特征，决定了实践育人工作能达到部分课堂教学达不到的效果。实践活动中，因为体验性的特点，大学生往往能体会到在课堂教学中体会不到的一些感受。如许多大学生参加"三下乡"支教之后，被贫困山区孩子们刻苦学习以及孩子们对教师发自内心的爱深深感动，有些学生从此变得努力学习了，有些学生真正树立了当教师的理想。像这样加入实践活动，亲自体验收获真切而深刻的认知，就是实践育人的体验性。在实践活动中，大学生不仅仅能够获得知识和文化，更重要的是能够体会并形成新的情感和意义，获得心智上的成熟和发展。通过理论与实践的有效结合，通过不断获得并升华丰富的实践体验，能够调动大学生参与育人工作的积极性和主动性。同时实践育人能锻炼大学生的身心意志，强化大学生的精神归属和价值认同。

四、高校实践育人工作的原则

高校实践育人是高校的重要手段，实践育人工作内容广泛，几乎涵盖了高校其他育人工作的基本内容。同时实践育人工作也是高校育人工作的基本载体，通过实践育人工作能促进其他育人目标的实现，强化其他育人工作的效果。因此，我们更应该要做好实践育人工作。要在准确把握当前高校实践育人工作现状的基础上，不断总结，把握规律，坚持实践育人的原则。例如教师主导与学生为主体相结合、第一课堂与第二课堂相结合、能力培养与品德素质相结合等，只有这样才能真正做好实践育人工作。

（一）教师主导与学生为主体相结合

在实践育人过程中，教师和学生是实践育人工作体系中两类不同角色。从高校实践育人工作的角色划分角度来看，必须发挥教师的主导作用、坚持学生的主体地位。教师在实践育人工作中，要起主导作用，体现在如下方面：第一，教师要设计实践育人工作的目标。实践育人活动形式、内容多样，目标一定是清晰、明确的。不能为了活动而活动，为了形式而形式，在工作中一定要明确形式和内容都是为目标服务的。教师就是这个目标的设立者。教师设立目标、引导发展方向、纠正发展偏差，起到定向纠偏作用。第二，教师协调实践育人资源。学校作为办学主体，教师作为教育主体，能拥有和支配教学资源，联系和协调社会资源支持学生开展实践活动。在高校实践育人工作体系中，坚持教师主导，积极协调各方资源支持学生在实践中成才。第三，教师提供实践活动指导。实践活动离不开理论与实践相结合，离不开书本知识的应用。教师掌握着更加丰富的专业知识，更加全面的理论基础，能有效指导学生开展实践活动，特别是在专业实习、社会调查等教学实践活动中，教师指导是保障实践活动效果不可或缺的因素。学生是高校育人实践的主体，主要体现在以下方面：第一，高校育人实践是为了培养学生成长、成才。为实现此目标，要让学生真正参与活动。在策划实践活动、安排实践内容时，要以学生的实际需要、学生的成长目标为考虑来设计活动。第二，在实践活动过程中要引导学生，鼓励学生发挥主观能动性。尊重学生独立完成、主动完成的主体地位。第三，活动效果的评判，坚持以是否有助于学生成长成才为重要标准。要根据在学生成才中的贡献度来评价实践活动效果，积极探寻实践活动改进措施。

（二）第一课堂与第二课堂相结合

在高校育人体系中，第一课堂、第二课堂在人才培养上各有分工、各有侧重。高校实践育人工作，不应把第一、第二课堂割裂开，应坚持第一课堂、第二课堂相结合的原则。第一课堂是高校人才培养的主阵地，在培养学生方面挥着重要作用。开展好实践育人工作，离不开第一课堂。第二课堂是课堂教学以外的育人活动，是第一课堂学习的有效延伸、补充和发展，在当前，第二课堂发挥着越来越重要的作用。鉴于实践育人的特点，实践育人应与第二课堂紧密结合。首先，第二课堂所拥有的生动性、灵活性等特性是与实践育人功能一样的特点。相比第一课堂而言，第二课堂形式更加生动丰富、学生主观能动性更加得到激发，这些特性与实践育人功能实现的本质诉求紧密相关，学生主动参与的积极性直接影响和决定实践育人的效果。因此，实践育人离不开生动活泼、丰富多彩的第二课堂教育。其次，部分第二课堂活动具有实践育人功能，就是实践育人的一种形式。例如，志愿服务活动它是高校思想政治教育工作的重要载体，是第二课堂的主要育人形式之一，同时，也是实践育人的重要载体和形式。它在引导大学生服务社会、奉献他人的同时能实现锻炼自己、增长才干，实现育人效果。第一课堂与第二课堂有机结合，是做好高校实践育人工作的关键。第一课堂能规范实践育人形式，开展教学实践活动，提升学生实践技能。第二课堂能激发学生参与实践活动兴趣，组织开展形式多样、内容丰富的实践活动，直接为学生提供实践平台。坚持第一课堂与第二课堂相结合，开展实践育人工作，才能提升学生的实践技能与实践热情，并为开展实践活动提供实践平台。

(三）专业能力培养与思想综合素质提升相结合

专业能力培养与思想综合素质提升是实践育人工作体系中两类不同目标。专业能力培养侧重于学生的专业能力培养，学生在课堂上更多的是对专业知识的学习，而部分专业能力，如，专业动手能力、专业实操能力，实际应用专业知识的能力等此类能力的提升往往需要实践。这是实践育人对专业能力培养方面的作用。如，组织的实习、见习，勤工助学等实践。另一方面，实践育人还有助于提升学生思想综合素质。如，开展社会调查实践，其能帮助学生搭建从学校走向社会的桥梁，进而更加明确自身成长需要，把社会发展与个人进步紧密结合起来，成长为国家和人民所需要的社会主义建设者和接班人。又如组织社会志愿服务，在社会志愿服务中培养大学生的社会责任感。学生在艰苦地区从事社会志愿服务时，不可避免地遇到新问题、碰到新困难。大学生在克服困难和解决问题的过程中能培养自身不怕挫折的意志、顽强奋斗的品质和坚守胜利的信心。在组织大学生认识社会和服务社会的过程中，着力引导他们正确认识自身在社会发展中所承担的角色，培养他们的集体荣誉感、社会责任感和自身使命感。高校实践育人既要注重专业能力的培养，又要做好思想综合素质的提升，我们要培养德才兼备的全面人才。只有坚持能力培养与品德锻炼相结合的实践育人目标，才符合马克思主义视域下人的全面发展的要求，才能培养出更好的社会主义建设者和接班人。

（四）积极组织与严格管理相结合

实践育人体系是高校育人体系的重要部分，因此应积极组织实践育人活动。通过政策保障、载体建设、资金投入、舆论宣传等形式支持开展实践育人活动，为实践育人活动提供各种方便，积极组织各种形式的育人活动。但不能只组织，不管理。积极组织育人实践活动后，应对各种育人实践活动严格管理，既要管理过程也要管理目标，还要重视考核效果，真正确保育人效果。积极组织是高校实践育人的前提。实践育人应注意做好以下三个方面的组织工作：一是加强载体建设。在校内外建设一批思想政治教育基地、教学实习基地、就业实习基地、社会实践基地、志愿服务基地和勤工助学基地等，规范基地运作模式，提升基地育人功能，为大学生开展实践活动提供平台和岗位。二是加大资金投入。学校要设立实践育人专项经费，形成实践育人经费常态化增长机制。通过发动校友捐资、企业合作投资等方式，多渠道吸引实践育人的资金投入。三是强化舆论引导。在教育部等部门下发的《关于进一步加强高校实践育人工作的若干意见》中指出要强化舆论引导。对于高校实践育人，舆论宣传起着统一思想、凝聚力量、宣传发动、激励推动的作用。因此，要加强实践育人的舆论引导。在组织实践活动之前，要强调实践育人活动的目标、实践育人的重要性。在实践育人的活动过程中，要及时报道活动的过程，积极宣传活动，在活动结束时要着重报道活动的成果等。全方位报道活动开展情况，引导舆论。

严格管理是实践育人效果的保障。科学合理的考核评价机制能发挥导向、选拔、激励和预测功能，提升高校实践育人工作效果。应该把实践育人工作效果评价与学生体验性评价、教师指导性评价、学校综合性评价结合起来，建立以学生综合素质和实践能力全面提高、个性特长和创新潜能充分发挥为综合评价标准的学生综合素质评价观。把参与教学实习、志愿服务、勤工助学等实践活动情况作为学生综合素质测评的评估指标，赋予相应的权重来进行评价。同时对组织的大型实践活动也要进行过程管理与效果评估。总之，高校实践育人坚持积极组织与严格管理相结合。其中，积极组织是前提，严格管理是保障。只有建立好科学合理的管理机制，才能更好地引导实践育人工作。

第二节　学生工作角度下的高校实践育人现状

高校实践育人内容丰富、形式多样。实践育人作为一种教育理念，渗透在高等学校人才培养的各个环节；实践育人作为一种育人途径，实践育人与其他形式的育人途径相得益彰、相互促进。目前高校实践育人形式包括教学实践、军事训练、主题教育、志愿服务、社会调查、勤工助学等类型。那么学生工作者主要管理和从事的是主题教育、志愿服务、社会调查、勤工助学等方面。

一、学生工作者高校实践育人主要形式

学生工作者主要管理和从事的是主题教育、志愿服务、社会调查、勤工助学等方面。主题教育活动是围绕某一特定的教育主题，通过实践活动的开展，将思想政治教育的目标和要求加以贯彻、强化，进而达到教育效果的实践活动。大学生参加的主题教育活动一般由学校学工部、团委根据教育环境和大学生的发展与成长特点等，进行设计、策划，进而形成特定的主题，并围绕这一主题开展一系列相关教育活动。主题教育实践活动已经成为大学生思想政治教育和高校人才培养工作的重要手段和内容，在大学生思想政治教育中发挥着不可替代的作用。

志愿服务活动是志愿者不以获得报酬为目的参加的、服务社会奉献他人或者为促进经济社会发展进步的社会公益实践活动。志愿服务活动具有社会性、公益性、自愿性和无偿性等特点。它是大学生思想政治教育、道德教育的有效途径，能增强大学生的社会责任感，提升大学生专业素质和实践能力。高校一般会与社区联系，在社区定点开展义务支教、关爱留守儿童、关爱孤寡老人等活动。除此外还有以"暑期三下乡"为依托，开展的各种志愿服务等。首先，志愿服务活动是大学生思想政治教育的有效途径。大学生通过参加丰富多样的志愿服务活动，深入基层了解社情民意，能帮助大学生正确地看待当前经济社会发展中出现的问题，帮助大学生正确认识社会发展规律，明确自身肩负的社会责任和历史使命。其次，志愿服务活动能加强大学生的思想道德教育。通过志愿服务活动的生动实践，能培养大学生服务他人、奉献社会的精神。再次，志愿服务活动能提升大学生专业素质和实践能力。大学生在参与志愿服务活动的过程中，将所学知识运用到广大人民群众的生产生活实际中，能进一步加深对专业知识的学习和掌握，锻炼大学生运用知识解决实际问题的动手能力。最后，志愿服务活动能促进大学生的身心健康发展，提升大学生的身体素质和抗压抗挫能力。同时，大学生在参加志愿服务的过程中，助人为乐、服务他人，能在服务他人的过程中不断实现自身的价值，能不断获得良好的情感体验和正面的心理暗示，培养大学生阳光、向上的心态。

社会调查是指人们运用特定的方法和手段，从现实社会收集有关社

会事实的信息资料,并对其做出描述和解释的一种自觉的社会认识活动,是深入社会了解社会现实的基本途径。大学生参加的社会调查活动,一般是以提高大学生社会观察分析能力等综合素质和加强大学生思想政治教育为目标,走出课堂和校园,在相关专业老师的组织引导下,围绕一定的目标而开展的社会调查实践活动。参与社会调查是大学生了解社会生活、获得正确认知的基本途径。首先,社会调查活动能帮助大学生树立正确的价值观念。大学生在相关教师的指导下开展社会调查活动,能更加清楚地了解社会现实,更加辩证、客观地了解社会中存在的一些问题,更加清楚地认识人类社会发展的规律和社会主义建设的规律,帮助大学生认识到中国共产党带领中国人民走社会主义道路的历史必然性和现实科学性,从而帮助大学生树立正确的世界观、人生观、价值观。其次,社会调查活动能增强大学生的社会责任感。大学生深入广大人民群众生产生活一线,参与经济社会生活,能帮助大学生更清楚地认识社会现实和中国国情,感受时代的脉搏,了解当前经济社会中存在的问题和面临的困难,了解广大人民群众的现实需求和迫切愿望,从而帮助大学生明确自身所肩负的时代责任和历史使命,激发大学生的责任意识和担当意识,提升大学生的社会责任感。最后,社会调查活动能培养大学生良好的学习习惯。大学生通过参加社会调查,能更好地理解、掌握所学知识,了解、认识社会问题,认识到仅靠课堂学习不能获得的知识和能力,认清理论知识无法阐明的社会现实,从而培养大学生理论联系实际的学习习惯,进一步激发大学生深入学习的主动性和积极性。

勤工助学是在校大学生利用课余时间参加的以获得经济报酬、积累社会经验、培养自身能力等为目的而进行的各类实践活动的总称。今年来勤工助学活动也从简单地为家庭经济困难学生提供经济支撑,演变成为大学生参加社会实践、全面提升个人素质的重要途径和载体。勤工助学活动是大学生社会实践活动的重要内容之一,是高校实践育人的主要形式。第一,勤工助学活动是大学生思想政治教育的有效手段。勤工助学活动能培养大学生良好的道德品质。大学生参加勤工助学活动,参加各种生产劳动,能增强大学生对广大劳动人民的了解和体悟,强化大学生的劳动观念,培养大学生良好的社会品德和职业道德。勤工助学活动中,大学生通过参加勤工助学获得报酬,能深刻理解劳动的艰辛和不易。

尽早接触社会生活现实，锻炼大学生的社会适应能力，为大学生积累社会经验和人生阅历，提升大学生的心智成熟水平，帮助大学生尽快实现从学生到社会人的转变，为大学生顺利适应未来的社会生活打下良好基础。第二，勤工助学活动能有效提升大学生的综合素质。大学生在勤工助学活动的过程中，接触经济社会发展的实际，深入生产劳动一线，将所学知识加以运用，不断加深对所学理论知识的掌握，实现融会贯通，最终提升大学生解决实际问题的实践能力。第三，勤工助学活动能提升大学生的社会化程度。勤工助学活动中，大学生按照相关组织的统一要求，在规定的时间内完成一定的任务安排，获得相应的经济报酬。体验不同的社会身份、适应不同的社会角色，了解社会分工和社会运转的基本情况和基本规律，有利于大学生科学准确地自我定位，摆正自己与他人以及与社会的关系，更加客观地认识和处理个人发展与社会需求的关系，明确今后个人努力的方向，从而提高大学生的社会化程度。

二、高校学生工作实践育人现状

高校实践育人工作，这些年一直在进步，那么要想更好地做好学生工作在实践育人方面的工作，就应该了解目前的状况，即从高校学生对于实践育人的认知、参与、评价等方面进行分析。根据一些学者的调查，目前，高校学生大多数都知道实践育人，同时大部分学生都认为实践育人的地位比较重要，将实践视为大学生成长的必由之路。大多数学生认为实践具有重要的作用，能促进人的全面发展，提升综合素质和道德品质。因此，大多数学生对于实践育人有着比较正确的认知。那么参与情况呢？从参与意愿来说，学生的参与意愿较低。研究表明在部分高校以学生参与主题教育类活动的方式为例进行分析，50.1%的学生是学校及学院要求参加的，仅28.2%的学生是自发自觉参加实践活动的。学生自主参与实践活动的意愿较弱，多是被动参与到各类实践活动。[46]从参与动机来看不同的学生参与不同类型的实践活动动机不同，学生参与实践活动的动机是多元的，不同类型的活动其参与动机也不同，但大多数学生的参与动机是提升个人能力为主。为了提升自身能力与素养，其次是个人兴趣与解决实际问题的导向。从参与频率来看，学生参与实践活动的频率在不同类型的实践活动中呈现出差异性，总体参与度有待提高。从参与内容看，学生参与实践活动的内容较为丰富，涉及面较广。从学生工作的角度看，学生参与的实践活动包括主题教育实践活动、勤工助学实践活动，以及社会实践活动等类型。从参与时间看，对学生参与实践育人的时间调查显示，多数学生能利用课余时间、节假日以及寒暑假等时间参与实践活动，这是合理安排时间的好现象。学生对于实践育人活动的评价能侧面反映实践育人运行的成效，进而探索出影响实践育人的因素。多数学生对于实践育人活动的评价较高，他们认为实践育人活动的组织有序、内容向上和形式丰富多样。当然，有部分学生会对一些具体实践活动的组织和管理提出一些批评，认为有些活动组织不好，管理混乱等，但大部分时候，学生对实践育人活动的评价都还是比较高。除了调查学生对于对实践育人活动的内容、形式以及组织的评价外，还调查了学生对于实践育人成效的评价。具体而言，参与不同的实践活动，其收益不同。主题教育实践活动以及勤工助学活动主要能提升学生的社会责任感与实践能力，社会实践活动在提升学生社会责任感与实践能力上有成效。部分学生认为实践活动能提升其专业技能、团队精神、组织能力以及社会适应能力。这为我们设计实践育人的目标提供了方向。实践育人的保障机制运行状况，将对实践育人的成效产生直接影响。主要从经费保障，以及安全保障等方面，对实践育人保障机制的运行现状进行了分析。通过调查高校实践育人活动的经费来源以及学生对于经费保障的评价显示，实践活动的经费主要来源于学校、学院以及家庭资助。学生参与实践活动的经费主要来源于学校或学院资助、家庭资助。社会团体或企业资助以及师生私下筹集占较少比例。由此可见，实践经费来源多元，以学校、学院和家庭资助为主，社会支持的较少。大部分学生认为实践活动的经费有保障。由此可见，当前高校实践育人的经费来源多元，且具有一定的保障，但筹资方式及保障力度可进一步提高。此外学生安全意识较为薄弱。一些在学校组织的实践活动中，学校会强制学生购买意外保险，如果学校不强制购买学生自己几乎不会购买，但在对实践活动的安全保障进行调查时，几乎所有的学生认为实践活动的安全有保障。对比这种情况，可以知道学生在参与实践活动中安全保障措施有待加强、安全意识有待提升。

第三节 高校学生工作实践育人的进一步工作方向

实践教育有多方面的作用，有助于学生将知识转化为能力，有助于提升学生的思想道德素质，有利于学生了解社会，了解人生的意义，增强学生的社会责任感等。因此，学生工作者要进一步做好学生工作的实践育人工作。根据目前高校学生实践育人的现状分析，我们知道了目前高校大学生能够基本正确的认识实践育人的重要性，但是部分学生主动参与的积极性却不高。同时，虽然大部分学生对实践育人活动的组织工作表示满意，但有些实践活动的组织和管理还是存在一定问题。同时在资金保障这方面，社会来源资金不足；在安全保障中，学生的安全保障意识明显不足。针对这些问题，我们要改善这些方面，这就是我们学生工作实践教育将来应该努力的方向。

一、做好实践育人的协同工作

合力、协同、合作的方法就应该贯穿于实践育人的全过程。通过整合资源形成全员育人的合力，有效解决当前实践育人困境，提升高校实践育人质量。生态系统理论认为，个体的发展是嵌套于相互影响的一系列环境系统中。因此影响学生发展的不仅是学生自身，还与其所处的高校系统、家庭系统以及社会系统相关。所以实践育人工作，不仅仅是辅导员、学生处、团委的工作，也是学校其他部门及社会家长的工作。因此，实践育人工作最好能做到多方联动，协同工作。首先，要尽量做到资源共享。例如，教学实践基地也可以是义务支教学生做志愿服务的基地，这样不同部门之间实现资源共享，可以节约资源，互惠互利。激发所有成员参与共建共享的积极性，进而促进高校、企业等依据行业特色充分发挥和利用自身的特点或优势，实现全方位的资源共享。当然，资源共享要以生为本。以人为本是现代管理的重要理念，是提升业绩的重要方法。在高校中，以学生工作为主的实践育人而言，就是以生为本。实践资源共享坚持以生为本的原则，一是要了解学生的需求，尊重学生的需要，以提升学生实践创新能力、满足学生实践活动需求为基本出发点和落脚点，厘清学生对实践资源的需求内容、方式和数量，尽可能为学生提供所需的实践资源；二是要让学生充分享受共享资源，为学生更好地开展实践活动提供坚实保障。本着有利于学生实践能力提高、综合素质发展的目标，秉承互惠共享的理念，努力创造各种共享途径和方法，让更多学生享受优质实践资源，为大学生全面发展提供机会和条件。

二、做好实践育人工作要做好部门联动

学生工作者要明白，实践育人工作的落实与深入推进不是一个部门的事情。例如，实践育人工作绝不仅是学生处或团委的事情，更不是单一部门和组织能做好的事情，需要充分利用系统论和教育整体观的理念，将各部门、各组织之间联动起来。一些学校目前由于缺乏必要的实践育人联动机制导致实践育人工作的条块分割，课堂教学、第二课堂、校园文化建设三者之间不能很好地连接，大学生课堂教学属于教务部门管理，社会实践活动组织属于学生工作部门或团委，这就造成学校在观念层面上对课堂教育与社会实践活动的认识不能有效的协调和统一。从高校层面，建立学校党委统一领导、党政工团齐抓共管、部门协作联动和各单位具体落实的管理体制，成立由校党委牵头、学工部门、校团委、教务部门、宣传部门、财务部门、保卫部门和后勤管理部门以及学校资产管理部门等单位负责人组成的学校实践育人工作领导小组，统筹学校层面实践育人工作，制定实践育人的总体规划和实施方案，营造实践育人的良好氛围和和谐环境，做到与学校中心工作同部署、同要求、同考核和同落实。其次，明确部门联动中的责任分工。明确部门联动工作中的部门职责十分重要，因为部门联动的核心是工作协同和配合，工作协同是基于在一个系统内分工负责、权责分明的前提，部门责任明确的分工负责制是部门联动的前提和基础。从高校层面而言，在制度层面对部门的工作任务和工作内容进行明确和细化。例如，教务部门具体负责实践育人中的实践性教学安排、实践教学学分系统性安排和实践性课程学分评

价、校内外实践基地的管理等工作。校团委具体负责大学生社会实践和青年志愿者服务等实践活动的组织。学工部门具体负责勤工助学类实践活动的开展，完善大学生综合素质评价标准，将大学生参加实践育人活动的表现情况纳入综合素质评价体系。各联动单位要通过信息化平台定期对实践育人具体某一项工作的推进和落实进行反馈，确保工作步调一致。其次要建立定期会晤机制，加强交流。建立部门联动联席会议制度，每年要召开专题会议，对年度实践育人工作目标和工作内容进行部署安排，细化各部门、各单位的任务和分工，强化实践育人的顶层设计，注重工作的协同和配合；每年要召开工作推进会，系统总结实践育人开展的情况和工作存在的问题，研究解决工作中的困难和难题；每年要召开会议对年度工作进行总结，共同研究和制定下一年度工作计划和目标。具体在实际工作中，也要注意部门之间的联动，注意把校园文化与实践教育结合起来，把理论与实际结合起来，第一课堂与第二课堂结合起来。

三、做好实践育人工作的保障机制

保障机制有较多部分，工作中主要的保障机制有如下几方面：第一，构建好实践活动体系。实践活动是实践育人的有效形式，所以实践育人要以实践活动为载体，因此就要构建好实践活动的体系。构建以满足学生的个性和多样需求为基础、多层次分类别的实践活动体系是开展高校实践育人的前提和基础。形成以主题教育、专业实践、社会实践、志愿服务、创新创业和勤工助学为主要内容的活动。主题教育活动包括思想引领类和道德类实践活动。思想引领是大学生社会实践活动的核心，包括"三观""三热爱"主题教育活动，举办主题讲座、组织学生到博物馆、纪念馆等爱国主义教育基地开展"红色之旅"活动；以重大节日和重大事件为契机，开展主题团日活动，如"喜迎十八大·励志报祖国"演讲比赛、理论知识竞赛、理论沙龙、时事直通车、时政案例分析大赛等教育活动。道德实践类活动包括开展诚信教育活动，如专家教授学术诚信讲座、无人监考诚信考场试点、诚信超市和诚信征文等活动。创新实践育人活动组织形式。实践育人活动能否取得实效，关键在实践活动的内涵和质量，以及学生参与活动的积极性和主动性。要创新学生实践育人的活动组织形式。不仅如此,由于实践基地能固定和长期地为大学生开展实践活动提供场所,因此在实践育人的背景下应该为大学生深入开展社会实践活动提供保障。第二,保障经费投入。资金的投入是实践育人活动顺利开展的物质基础。经费不足的问题已经成为制约当前高校实践育人深入开展的瓶颈。完善实践育人的物质保障,增加实践育人活动的覆盖面,提升实践育人活动质量,关键的条件就是经费保障要到位。因此,为保障实践育人工作的效果要加强经费投入,针对不同实践教育形式,建立由国家主导投入、学校专项经费、地方政府支持、公益机构和企业赞助、大学生自愿缴费等多渠道的经费投入保障机制。第三,做好安全保障。部分大学生安全意识不足,因此要对学生加强安全教育,买好意外保险,对实践活动和实践基地的安全措施都要放在心上。安全无小事,要做好大学生实践育人的安全保障。

四、做好实践育人的评价机制

合理的考核与评价机制,是一种促进手段,其目的是通过评价推动工作前进,提升参与者的积极性与责任感,最终促进工作质量的提升。目前的实践育人工作存在部分评价机制不科学、不合理的现象。一些实践活动搞得热闹,但缺乏合理的评价机制,对效果没有评价,对活动没有总结。大学生是实践育人的主体,是实践育人活动的参与者和体验者。对实践育人的评价要体现对学生体验过程和体验结果的评价,落脚点在构建科学性、可操作性的大学生综合素质评价体系。综合素质是指人具有的学识、才气、能力以及专业技术特长等综合条件,也称综合表现力。大学生综合素质是大学生在大学期间的思想政治、道德举止、专业成绩、创新素质、实践能力、课外活动、身心健康等方面的全面发展或综合发展程度的表现,是高校办学质量和办学水平的集中体现,同时也是大学生所获知识和能力的内核,是大学生认识和改造主客观世界的力量源泉,直接体现为大学生可持续发展能力和就业竞争力的高低。因此必须把大学生体验实践活动的过程和效果作为大学生综合素质评价的重要内容。同时也要对学生工作者的指导工作进行测评。学生工作者是高校学生工作实践育人的主导者,在指导、引导和帮助大学生开展实践活动中起着十分重要的作用。实践育人的效果如何与学生工作者的指导密不可分。因此,对实践育人进行评价必须强化对教师指导性作用评价,着力点是要把学生工作者参与和指导实践育人工作的情况纳入教师业绩考核,形成实践育人的合力。

总之,高校是培养人、教育人的场所,而实践育人是促进大学生全面发展的必然要求,是全面提升高等教育质量的重要环节。高校实践育人继承了知行统一的优良传统,坚持了立德树人的根本任务,体现了高等教育的基本规律,对于推进高校科学发展、大学生的成长发展和社会的全面进步具有重要意义。

【第十一章】
班级建设育人

第一节 班级建设概述

一、班级建设的概念

现代教育意义上的班级是指学校按照教育培养目标,把年龄特征和文化程度相近的学生结合起来,分成不同级别,再分成具有一定人数的班,以便进行教育、教学和管理的组织。班级作为组织的一种形式,它是学校行政根据一定的任务、按照一定的规章制度组织起来的有目标、有计划地执行管理、教育职能的正式的、有一定人数规模的学生群体。"它既是开展教学活动的基层组织单位,又是学生生活及开展活动的集体单位,也是学校教育管理工作的基本单位。"[48]对学校和教师而言,班级是对学生进行思想政治和品德教育、知识教学、技能训练及素质拓展等教育活动的基本单位;而对学生来说,则是学习、成长与成才的人生场所。由此可见,班级是学生管理中最基本的单位,许多教学工作都是最终落实到班级完成的,因此,班级建设是学生工作中最为基础的环节之一。班级是落实教育教学管理的最基本的单位,是学生学习和交流的主要平台,是他们自我教育、自我管理、自我服务的主要组织载体,也是提高学生德育素质教育的必由之路。一个团结、奋进、健康向上的班集体,是隐性育人的重要载体,能够潜移默化地对学生的世界观、人生观、价值观,产生正向牵引力。

二、班级建设的内容

(一)班风建设

班风是指班级的作风和风气,是班级大多数成员的思想认识、情感意志和精神状态的综合反映,是班级建设的核心和精髓所在,[49]是班级成员学习士气和精神面貌的综合反映。班风是衡量班级建设好坏的重要指标之一,良好的班风具有一种无形的约束作用和强大的同化力量,有助于班级管理和建设。良好的班风能够激发后进生的学习积极性和学习热情,向优等生看齐的进取心,促进学生之间互相激励、良性循环。此外,它还有利于培养学生良好的学习生活习惯,帮助他们自觉抵制社会不良风气和不良思想的侵蚀。好的班风可概括为四个字:积极向上。就是一个班集体的同学团结互助、共同进步,集体成员都有为集体而学习、工作的激情,都有高度的集体荣誉感和责任感。良好的班风具有一种无形的约束作用和强大的同化力量,有助于班级管理和建设,因此我们在班级建设中要做好班风建设。

做好班风建设,重要的是要做好班级思想建设工作。班级思想建设工作,就是把高校的德育工作内容以班级为载体,结合班级实际,作为班级思想建设的内容。具体地说,班级思想建设的重点应该放在爱国主义教育、诚信和感恩教育、心理健康教育等方面。要做好班风建设,可以从以下几方面着手:第一,早抓早管,引导良好班风的形成。班集体是由每个大学生个体组成,而大学生个体由于成长环境不同、家庭教育理念不一样导致培养出来的学生个体之间具有较大的差异,特别是部分大学生以自我为中心,注重自我价值的体现,缺乏团队协作意识,自我控制能力不强,不重视同学之间的交流与合作。目前,部分大学生的这些特点,容易使班集体气氛不融洽,有时会影响班集体团结,影响良好班风的形成。所以,建设良好的班风要趁早。当学生一到大学,刚进入新的班集体时,就要开始动员学生,引导学生,早抓早管。例如,要尽早开第一次主题班会,在班会前,辅导员要进行大量的调查摸底,尽可能多地掌握学生的自然情况和思想动态,做到心中有数;要精心设计班会,要通过巧妙的启发、引导,艺术地主导班会方向和进程,要让学生对良好班风有清醒的认识。第二，常抓不懈，坚决抵制不良行为。良好班风不是一朝一夕就可以形成的，必须加强日常的管理和督导。当班级出现了不利于班集体利益的言行和现象时，都必须要在第一时间里予以制止、及时纠正，做到防微杜渐。要通过大量细致的思想工作和正面引导，帮助学生逐步改正缺点、克服自身不良习惯，并要采取有效的措施帮助他们融入集体中，和谐地生活、学习，让同学们在集体生活中感受到温暖、影响以及约束，最终促进大家共同进步。第三，教师要言传身教。辅导员为人师表，要有一种积极向上、不怕困难的精神面貌，要用满腔热情、勤奋敬业的工作态度给学生树立榜样，带动、促进班风建设。同时，辅导员要热爱学生，尊重、理解、信任和关怀学生，当师生之间有了感情，有了关爱，集体凝聚力与良好的班风也就有了坚实基础。[50]

（二）制度建设

制度是在一定历史条件下形成的法令、礼俗等规范。制度是关涉全局、根本、稳定的规则或习惯，是人与人关系的契约，也是办事规章和程序规定。班级制度是以学校制度为基础，由班主任、任课教师和全体学生共同制订和共同遵守的行为规范和组织秩序。一般包括学校的各项规章制度和班级自己制定的管理制度。在班级建设中，班级制度是重要的一环，应以促进学生自我管理能力为目的。这些制度调节团体和个人的行为，保证共同目标的实现。同时，也维护个人在团体中的权益，使个体获得发展。如果班级制度建设做得不好，会明显影响班级凝聚力，影响班风建设。班级制度是班级建设的基础和保障。目前由于部分同学认为班级制度不是由班级同学自己讨论制定的，大家也不会根据班级情况的变化进行修订，所以，导致班级制度在某种程度上形同虚设。班级制度建设对于班集体建设十分重要，缺乏完善的班级管理制度会让部分利益心较重的同学在当选班委成员后，利用手中的权力为自己谋利益和建立小团体，这种行为将直接破坏班集体凝聚力，导致班委干部与班上同学的对立。有学者指出，"恰到好处的班规，是那种大多数人能做到，少数人违反，然后通过教育处罚等手段，把违反班规的人数减到最少，这才是真正有用的班规。班规到了无人违反的时候，它的生命就结束了，或许又该制定新的班规了。"班级制度不是只有管理性，而是应有教育性，将管理规范与辅导要求融为一体。[51]合理的班级制度还应包括激励机制，良好的激励制度也是班集体建设不可或缺的重要组成部分。完善的激励制度由两部分组成：一是外部激励制度，如学校制定的年级、院系、班级间的评选和奖励制度；二是内部激励制度，如班级内部制定的针对班级成员的评选和奖励制度。良好的评选、奖励等制度可构成完善的激励机制，为班集体建设注入活力，为班集体建设添砖加瓦。如果班集体激励机制的不健全和激励制度的问题缺失，会使班集体建设效率低下。评选、奖励等班集体激励制度可以有效调动学生参加学校、院系和班集体活动的积极性，成为推动班集体建设的"有形"动力。评选、奖励等班集体激励制度可以从班级成员的学习成绩、道德遵守、思想素质和团队建设等多方面着手。在班级制度建设中，可以灵活调整激励机制，达到奖励比例和额度的最佳配比，最大程度地调动学生的积极性，促进班集体的建设。

（三）学风建设

学风是人的价值观在学习方面的具体表现，学风问题其实质是价值观问题。具体就是高校学生如何看待学习做出的价值判断，从而在日常学习行为中的具体表现，其实质上也是思想教育的一部分。学校开展学风建设的过程也是帮助学生树立正确的学习价值观的过程，其根本目的在于通过不同的措施和形式对学生进行学习方面的价值观教育，使学生在学习目的、学习态度等方面做出正确的价值判断，从而指导自身的学习行为，其群体综合表现为一定层次的学风。学风建设是一项系统工程、全员工程，需要整体设计、综合治理。良好的学风是既是学校共同价值观的体现，又涉及班级组织的指导思想和价值理念，也包括每位成员建立在学校办学理念的具体认识基础上个人愿景的整合。所以，班级是参与学风建设活动最基本的单位。高校学风建设的效果如何，班级的学风状况至关重要。辅导员要营造有利于班级成员主动参与的组织氛围，做好班级的学风建设工作。

学风建设工作的重点在于建设。首先要做好关于学习的基本工作，要规范学生的学习行为，做好管理工作，学生要遵守学校的基本规章制度。例如，学生要遵守学校的考勤制度，不迟到，不旷课，按时完成教师布置的作业等等。其次，要做好学习交流工作。要定期请一些在期末考试或各种考证中取得较好成绩的学长或同学来介绍学习经验，充分发挥朋辈的示范榜样作用。另外，要做好学生的思想工作。在工作中，既要一如既往地着眼于眼前抓好学生的日常行为规范，也要关注学生长远发展的需要，学风建设可以用学生的考研、科研等活动为载体，服务于学生的这些需求。要教育、引导学生，让学生多思考学习的意义，做好学生的思想工作。要让学生对学习有充分的认同，让学生把学会学习与学会做人结合起来。要多培训学生，让学生有学习能力，主要表现为能够认识自我、调整自我并超越自我的能力。要让班集体有一种学习的氛围，让所有班级成员都能够在班级建设的过程中做到"想学习、能学习、会学习"。

辅导员在学风建设中要有创新思维，要能够让班级团体有学习的氛围。想办法让学习成为学生内在的追求。一旦学习成为大多数班级成员的内在要求，那就会形成班级的共同愿景。共同愿景是一个群体愿为之奋斗的、实现起来又有一定挑战性的、具有感召力和使命感的愿望、理想、远景或目标，是一个涵盖目标和核心价值观的目标系统。它对于班级内的绝大部分成员或全体成员具有聚合力、凝聚力、向心力。它对集体的行为和活动具有定向和激励作用，是集体发展的方向和动力，能调动班级成员的积极性，使他们为实现这一共同的愿景在认识上、行为上保持一致，在生活中相互配合，为完成共同的愿景而努力。一旦建立优良学风成为班级的共同愿景，在班级共同愿景的引导下，学生个体会不断地发展自我、超越自我，进而产生创造性的学习动力。

（四）班级精神文化建设

一般认为班级文化有广义和狭义之分，广义的班级文化是指班级在长期的学习生活中所形成的物质文化和精神文化的总和。狭义的班级文化则是指班级所表现出来的被所有成员认同并执行的目标、规范、信念、价值观等。班级文化作为班级全体成员共同创造的文化环境、行为方式和班级精神，是班级成员智慧的结晶，是一个班级的本质、特色和精神面貌的集中反映。一般包括班级物质文化、班级制度文化、班级精神文化。班级物质文化是班级文化的"硬件"，是看得见、摸得着的东西，是班级文化的外在体现。班级物质文化的主体是物，主要包括班级的外在环境、班级规划以及班级卫生等。班级制度文化是班级文化的重要组成部分，是指要求全体班级成员共同认同并自觉遵守的行为方式及与之相适应的组织机构、规章制度组成的文化形态，主要表现为班级组织机构、班级规章制度等。班级精神文化是班级文化的核心，是指在班级管理过程中被班级大多数成员认可的共同文化观念、价值理念、生活信念等意识形态，主要表现为班风学风、班集体舆论和班级人际关系等方面。班级文化的三个层次尽管形式不同，但相互依存、相互影响。其中，班级物质文化是班级文化的基础，班级精神文化是班级文化的核心，而班级制度文化则是班级物质文化和精神文化的保障。

班级精神文化是班级文化的最高形态，是一种隐性文化，它隐藏在班级物质文化和班级制度文化背后，不容易在短时间内建立，但一旦形成则对班级成员的影响最深。班级精神文化建设可以通过班级形象塑造、进行主题班会教育、开展文体活动等方法进行。班级形象塑造是一种表层实体文化，在班级形象塑造的过程中，可以鉴戒企业识别系统的理念。企业识别系统主要是一种视觉形象系统，即对组织机构的一切可视事务进行统筹设计、管理和创造，使组织机构的形象要素个体化和统一化，达到强化整体视觉形象的目的。如，我们可以在班级与学生一起，共同设计自己的班级口号、班级精神等，通过QQ等在网络反复宣传，使之渗透到班级所有成员的思想和行动中，有效增强同学们的集体荣誉感和归属感。进行主题班会教育。召开主题班会是班级管理的重要形式，同时是培育良好班级精神文化的重要手段。针对不同的问题，召开不同主题的班会。新生刚来时，班级成员之间交流不够、班级凝聚力往往不强，这时可召开以自我介绍、才艺展示为主题的班会，通过这样的主题班会加深班级成员之间的感情，增强对班级的认同感；期末的时候，为加强学生考风考纪教育、杜绝考试作弊，可以召开以诚信为主题的班会；放假前后，还可以召开以安全教育为主题的班会。在重大节日或者遇到社会热点事件时，还可以召开不同专题的班会；主题班会教育对班级精神文化的培育具有极其重要的意义。积极开展文体活动。形式多样、丰富多彩的文体活动是班级活动的重要组成部分，是增强班级精神文明建设的重要载体。经常性地开展体育竞赛或游戏活动既可以锻炼学生的身体、磨炼学生的意志，又可以在团队合作中感受班级的存在，增强班级的向心力和凝聚力；利用重大节日，充分挖掘和利用学生的特长，组成不同的文艺团体，组织有特长的学生积极参加学校相关文艺活动，给学生充分展示才艺提供舞台，提高班级精神文化水平。

班级建设应该是非线性的，既要"成事"，也要"成人"；"成事"不仅是目的，也是手段；"成事"是为了"成人"；"成事"的过程也是"成人"的过程。[52]

第二节　班级建设的意义

一、班级建设是大学生思想政治教育阵地建设的重要组成部分

思想政治教育是学生工作者的重要内容。高校培养的人才，不但要有专业领域所要求的渊博学识，更要有较高的科学文化素质，以及良好的政治思想觉悟。大学期间是大学生世界观、人生观和价值观形成的重要时期，因此，学生工作者要帮助学生形成良好的思维方式和较高的道德素养，赋予其道德观，让他了解伦理道德，并努力践行之。班级建设是大学生思想政治教育阵地建设的重要组成部分，是学校思想政治教育阵地建设的基本单位。大学生思想政治教育的许多内容都是依托班级建设完成的。在以班级形式的教育教学活动中，教师与学生的交往最多，教师的人格魅力、学术水平和道德修养等对学生都有较大影响，学生会对教师产生仿效效应，使学生潜移默化地受到影响和熏陶。在班级中通过营造弥漫在整个班级中的学习氛围和环境，团队学习的形式，开展形式多样的班级学习活动，关注每位同学的个性化发展，让每位学生在这里能够找到归属感。教师在班级中可通过开展主题教育活动对学生进行思想品德和国家政策、法律法规教育，也可通过引导班级学生活动、社会实践、学生日常的人际互动等来提高他们的能力、完善他们的人格和提升其生命的品质。

集体主义是当今中国社会重要的价值导向与道德原则，它强调通过协调个人利益和集体利益之间的关系来达到共同发展的目的。在一个向心力和凝聚力强的班集体中，每个人都与集体荣辱与共，班集体因此也形成了强大的教育力量，可以培养学生的集体主义精神，教育现在个人主义观念较强的学生。

班集体还有助于培养大学生的健康心理。高校班集体在解决学生心理问题方面发挥着一定的作用。首先，利用大学生"向师性"的心理特点，充分发挥辅导员、班主任的优势，及时发现学生在心理方面存在的问题，及时疏导和解决。其次，利用大学生的"归属感"心理，充分发挥班集体学生骨干的带头作用，化解学生之间的各种不愉快和小矛盾，帮助他们塑造健康的心理，培养他们积极向上的精神面貌和良好的自理能力。通过班级作为载体在学生中所产生的影响，发挥其凝聚、驱动和同化的育人功效。班级是一种集体。

班级文化也是校园文化的一部分，因此和校园文化一样，对学生起着潜移默化的作用。积极做好班级文化建设，良好的班级文化可以促进校园文化建设，营造出积极向上，和谐健康的校园环境和氛围。总之，班级建设是大学生思想政治教育阵地建设的重要载体，做好班级建设具有重要意义。

二、班级建设能促进学生全面发展

学生是一个完整的生命体，教育的本质实际上是一种"全人"的教育。"全人"，顾名思义，就是完整的人，全面发展的人，即关注学生全面、和谐地发展，促进学生全面教育。就是强调在教育过程和教育内容上都要全面，让学生的认知、情感、态度与价值观等都参与到学习和生活中来，使学生在认知的同时，更重要的是感受和理解知识的内在意义，从中获得完整生命体的成长和精神上的丰富。学生是一个完整的生命体，他们不仅要学习科学文化知识，接受智育，还要学习道德成长，人格提升，接受体育、美育，做一个全面发展的和谐的人。班集体作为学生学习、生活的集体，对学生的全面发展有深远的影响。第一，班集体有利于促进学生的全面发展。班集体是学生全面发展和健康成长的重要环境，一个稳健完善的班集体会使学生在健康的班级舆论和舒畅的心理氛围中通过多种多样的人际交往、丰富多彩的活动促进每个学生个性得到全面发展。在成熟的班集体中，学生能够形成积极进取、互帮互助、热爱学习等良好的班风、学风，不但可以提高学生的学习成绩，而且能够健全学生的人格，使学生健康成长。第二，班集体有利于促进学生社会化发展。所谓社会化是指一个人由自然人成长为社会人的转变过程，每个人必须经过社会化才能使外在于自己的社会行为规范、准则内化为自己的行为准则。社会化是学生个人将来踏入工作岗位的必要步骤，是融入社会的重要条件。学生个体在社会化过程中受到的影响因素很多，如个人生长环境、学校教育环境、社会发展环境等，但对正在接受高等教育的大学生来说，班集体是促进学生社会化发展的重要环境。在班集体建设中，辅导员、班主任要按照社会发展的需要，通过组织有计划、有目的、有影响的教育活动，把社会主义核心价值观、科学文化知识、社会公德理念等传授给学生。例如，辅导员在教育过程中应该以班级为载体，利用集体活动等多种形式，赋予个人在社会上的生存能力，赋予其人文观，让他了解传统和历史，体验人生的意义和价值；赋予其道德观，让他了解伦理道德，并努为践行之；赋予其知识观，让他正确掌握人类有用的知识，促进个体能力的增强。学会思考，培养思维能力，打开智慧的钥匙等。第三，班集体有助于培养大学生自我教育的意识与能力。自我教育能力是指学生自觉主动地把社会的要求在内心加以理解和体验，并通过实践转化为稳定的自觉行为的能力。自我认识是主体利用其掌握的科学知识和人生经验对自身的反省，它是自我教育的起点。当代大学生只有充分了解自己、认识自己，才能不断地自我完善和提高。班集体是大学生施行自我教育的重要场所。辅导员、班主任应有计划地组织、引导学生在日常的学习、生活中，发挥班集体的力量，让学生通过评价他人来进一步认识自己和评价自己，在此基础上学会自我监督、自我规范。总之，学生作为生命体，一个有着广泛的需求、需要全面发展的人，尊重学生做好班级建设，促进学生的全面发展。

三、班级建设能促进学生自我管理、自我服务

班级是学生学校生活的基本形态，在班级出现以前，对学生主要是个体行为的管理。当班级出现后，对学生主要转化为以班级为载体的群体行为管理，于是班级逐渐演化为一种管理组织。今天，因为，价值观、理想、信念在这里呈现出多元性，生活条件、生活方式也表现出复杂性、多样性，学生的班级生活会被突发的和无法预见的事件所左右。学生的班级生活成为一种偶发性的生活，这是一种不确定的、无法预测的生活。于是，师生关系被重新建构，学生不必完全按照社会或者成人的预期去生活，对教师的依赖减少，教师的权威感也因此受到了挑战。在此情形下，在班级管理模式变革方面，就要探索如何发挥学生的主体性，让学生参与班级管理等方面来进行班级变革。这样的形式下，必然会加强学生的自我管理能力，并且自从高校实施学分制和后勤社会化后，学生进行学习交流的机会少了。同时，班级学生住宿成点状分散，学生之间接触的时间也缩短了，因此班集体就需要利用学校的资源，创造条件，在辅导员、班主任和学校相关部门的协商沟通下，确定一个较为固定的聚集场所，方便学生沟通交流。当然，辅导员、班主任也可以通过QQ群、微信等网络工具搭建班集体共享的平台，方便与学生交流，通过网络工具迅速将学校的教学、科研、后勤服务等信息通知给学生，便于学生做出合理的安排，对于学生的有关诉求和建议也要及时地反馈给学校各职能部门，便于学校的整改。这些情况的产生，为学生自我服务创造了条件。

第三节 班级建设的方法

一、抓好班干部队伍建设

高校的班级是一个依靠全班学生自我管理和自我服务的一个组织，但一个优秀的组织需要管理团队的引导和协调。在这个团队中，由辅导员和班干部组成了班级的管理团队，负责班级的组织管理，引领全班同

学共同进步。因此打造优秀班干部团队是班级建设中重要的一环。

班干部选拔的原则应该是量才适用,让合适的人担任适合的岗位,对团队成员进行合理的搭配,充分发挥团队整体的学习力和行动力;就班级组织结构而言,可鉴戒企业组织结构,明确岗位职责分工,组成善于学习的班干部团队。班级要在各种学习、活动中更加良好的运行,就应该具备一个合理搭配、协同行动力强的核心团队——班委会、团支部。其中班长和团支书的选拔尤为重要。班干部是班级管理的核心,班长和团支书是班干部的核心。以班长、团支书为核心将班干部联系起来,再通过班干部的管理、组织把班级的每一个成员组织起来。在平时的工作中,班干部要做好组织协调工作,做好和辅导员的沟通工作,做好辅导员与班级成员的桥梁作用。辅导员、班主任要履行自身的监督职责,杜绝班干部假公济私现象的发生。同时,也要关注他们的心理状况。在学习生活中以人文关怀的方式多与其沟通,与此同时,要建立好班干部的考核与换届制度。班干部轮流担任,让每位同学都能发挥和提高自己最大的潜力,这是一个班集体健康发展的保障。在日常班级生活中,还要依托形式多样的活动来增进班集体成员之间的互动,以此增强班集体的凝聚力。班干部队伍作为高校学生工作的一支重要力量,是高校班集体管理的实践者和推动者,在选拔、培养和考核工作中,要坚持使用和培养相结合、理论提高和锻炼实践相结合的原则,针对新时期班集体出现的新问题,锐意创新,找出解决方法。此外,要发扬对班干部"传、帮、带"的优良传统,重视班干部的"纵向梯队",培养一技之长;同时,又要充分加强"横向交流",提高班干部的综合素质。

建设一个优良班集体,需要有优秀榜样的带动,班干部正是良好典范的载体。班干部是任课老师、辅导员、班主任和同学之间联动的纽带,如果班干部整体素质高,他们的核心作用就会发挥到位,班集体建设就会有长久的持续力。

二、建设属于自己班级的特色文化

高校班级文化的形成对于班级成员树立正确的世界观、人生观和价值观等都具有重要的意义,是班集体建设过程中非常重要的一个环节。

通过建立班级工作指导手册、班级日志、班级手册、班级网站等丰富班级文化建设的形式，并且通过加强学风文化、活动文化等丰富班级文化建设的内容，努力形成班级特色文化。如，可以把班级文化设定为学习文化，努力建设学习氛围浓厚的班级文化。

班级文化建设主要依托于内、外两个因素进行。外因取决于高校与班级文化硬件的建设，内因则主要依靠班级精神层面的打造。高校与班级文化硬件的建设需要学校在资金允许的情况下加大对校园环境、校园设施等方面的投入，以此来保证校园文化硬件的建设。同时，也要加强学校特色校园文化的宣传与推广，完善校徽、校歌、校刊等学校的文化品牌，营造良好的校园文化传播氛围。

班级制度管理建设。笼统地要求学生遵守学校的基本制度对管理目的而言效果不佳，而且千"班"一面，不利于彰显班级特色。辅导员要引导学生对学校的基本制度进行整合梳理，制订出诸如"本班公约"之类的可操作性规章制度。班级制度要达到或基本达到全员能轮流参与、全程管理状态，不让学生有局外人的感觉。

班级文化精神层面建设。首先，要加强对班级成员的理想信念教育。大学生肩负着祖国发展的重任，它支撑着当代学生的理想实现，在他们学习的过程中有必要给予正确的理想引导。此外，辅导员、班主任也可以结合学院党、团组织的资源优势积极开展理想信念教育活动。同时，还要加强他们判断力的培养。在班级成员中还要加强责任教育，教育班级成员要勇于承担自己在班集体中的角色与责任，引导大家传承诚信友爱、尊老爱幼、拾金不昧等中华美德，以个体影响力共同构建积极向上的班级文化。要通过开展形式多样的活动，加深班级成员之间的相互了解，增进感情和友谊，培养团队精神和自律意识，增强集体荣誉感。此外，在班风建设中还要充分发挥学生党员的先锋模范作用，要求学生党员主动关心同学的思想、生活和学习，帮助有困难的同学，在学风建设中起到示范作用，增强班集体凝聚力。学生的学习生活是在班集体中进行的，班风对学生的影响是潜移默化的，班风建设是优良学风建设的基础。班风兴、则学风兴，所以要注重优良班风的建设。

三、构建班级良好的舆论平台

良好的班级舆论氛围将引导班级成员形成正确的三观，每一个成员的荣誉感与责任感的释放又影响着正确舆论氛围的形成。因此，在营造班级良好舆论氛围时，引导班级成员能够正确地审视自身，敢于直言错误与不足就显得极为重要。班集体应推动正确的舆论引导。制度和舆论的核心意义就是在于对"错"的抵制。当班集体出现错误的现象时，舆论则要引导班级成员对其进行批评，通过这样的方法可以在班集体中形成正确的舆论环境。优秀的班干部队伍在班级舆论的引导作用十分重要，一支作风踏实、工作认真、公平公正的班干部队伍不但可以与不良现象做斗争，更可以引导班级形成健康、高雅的舆论氛围。舆论氛围还需要班集体利用自身特色搭建班级媒体，如板报、QQ 群、微信群等进行宣传。鼓励辅导员和学生进行对话和交流，对话和交流可产生新的观点和思想，也可以对学生不正确的思想进行校正。同时多交流能让学生成长，学习。隐性知识多是在交流中获得的。隐性知识是个人和团队核心竞争力的真正源泉，它不仅包括那些非正式的、难以表达的技能、技巧、经验等技能方面的隐性知识，也包括洞察力、直觉、价值观、感悟、团队的默契和组织文化等认识方面的隐性知识。其对于我们的世界观和人生观等的形成也有影响。

四、增强班级凝聚力

一个优秀的班集体，一定是一个有凝聚力的集体。一个班级要想有凝聚力，应该确立班级目标，通过适度有效的激励措施，创造团结和谐的氛围，建立大学生对班级的认同感。所谓班集体凝聚力其实就是在班级成员的共同目标引导下，辅导员、班主任与同学共同形成的一种有明确导向功能的集体力量。强大的班集体凝聚力不但能够满足班级成员的集体归属感，更可以使同学之间相互帮助和心理疏导，促进班级成员的沟通与合作，为其将来进入社会提供重要的个人内在竞争力，这也是班级凝聚力搭建的意义所在。

增强班集体凝聚力要建立共同愿景，打造班级共同体。愿景是指愿望和前景，建立共同愿景是指建立共同的愿景、理想和价值取向。有了共同愿景，集体才能有使命感，才能有动力和活力。只有把个人愿景与组织愿景的实现最大限度的统一起来，才能"打造出班级共同体"。

　　建立共同愿景必须遵循以下原则：一是方向性原则。坚持社会主义的办学方向是班级管理的宗旨，所谓教书育人，管理育人，其出发点必须把坚定正确的政治方向放在首位。二是激励性原则。一个好的愿景应当具有较强的吸引力和较高的达成度，而达成度的高低取决于吸引力的强弱，辅导员需根据学校的总体目标，针对本班的现状，着眼于学生的最近发展区，选择一些经过努力能够达成的目标，使全体学生在实现愿景的过程中都能分享到收获成功的快乐。三是愿景应具备可测性原则。班级愿景必须是可量化、可操作、可评估的，具有看得见、摸得着的特征，而不是抽象的模糊之物。目标在实施过程中应分阶段、按要求进行定量分析。有些是能直接量化的指标，可先定性再进行二次量化，对于经过实践无法测量的指标，要更换合适的指标。四是人性原则。希望得到成长并与他人建立联系是我们与生俱来的愿望，班级管理的最终目的是培养人。要建设与自然相一致的管理系统。在这里，自然是指人的本性及我们身处其中、对其进行经营建设的更大范围的社会系统和自然系统的本性。班级管理中的目标、规范等并不是外在于学生个体的客观的、对象化的存在，而是学生不断完善自身心智发展的精神滋补的养料。

　　实现班级共同愿景与学生个人愿景的融合[52]。在班集体中有共同的价值追求和理想信念，有共同的行为规范，有合作共享的态度和习惯，有对对方人格的充分尊重。同时，班集体应该允许并激励个性张扬，创造条件实现个性解放、个体人格和价值观念得到充分尊重，个体创造性得到充分体现。由于班级中不同学生个性的差异，这就要求制定适宜于学生个性发展的个人愿景。个人愿景是按照每个学生各自的需要、兴趣、性格、意志、情感、品德、学习等特点，为发展特长与才能潜力、培养创造精神精心设计的发展路线和未来图像。明确的奋斗愿景对个体的思想行为具有指导作用，它能将人的需要变为动机从而引导行为指向愿景，同时给人以力量，促使人去克服困难，一步步地达到愿景。通过个体愿景的努力，使得班级的个性化功能得到有效的发挥。个人愿景是内在的、个性化的、主观的；班集体的愿景是外在的、非个性化的、客观的。班级建设的基本问题就是班级共同愿景逐步内化为每个成员的精神需要，使每个学生的认识情感、意志和行动同集体的要求统一[53]。因此，共同愿景的形成不是依靠某位专家的精心设计，不是依靠某位校长或老师的振臂一呼，班集体的奋斗目标是反映全班学生共同要求和愿望的，集体愿景的实现为个体的要求实现提供了良好条件。同样，个体要求的实现，又是集体愿景实现的构成部分。个体要求与集体愿景越一致，学生行动的自觉性越强，奋斗愿景实现的就越快。班级集体愿景的提出要建立在群众的基础上，经过学生的充分讨论而确定，才能使愿景与学生个人要求紧密结合起来，变成学生的自觉行动。因此，在确定共同愿景时，辅导员应充分调动每个学生的主动性和首创精神，让他们积极参与，建立班级共同的愿望，树立共同的价值观念，确定同学们共同认可的目标，发挥每一个人的力量，把个人利益同集体利益相融合。增强班级的凝聚力。

愿景可分为近期愿景、中期愿景、远期愿景，当一个愿景实现后，即可提出一个更高的愿景，并不断总结、完善，充分肯定、表扬和激励先进，树立起良好的榜样，增强学生的信心，促使各层次愿景的实现，使集体处于持续发展之中，从而促进优良班级的形成、巩固和发展。确定愿景注意要符合班级成员、学校现状等客观因素，使愿景具有可行性。不能一味地理想化，让班级成员觉得目标过于远大而失去动力。在愿景制定、分解时，愿景的难度以中等为宜，不要过易或过难。过易会使学生感到没有压力，不值得去争取，激发不出应有的干劲；过难又会使学生丧失信心、失去勇气。因此在制定愿景时，需要班干部具有强烈的责任感和亲密感。认真了解班级每个成员的真实状况。一般的做法是先提出比较容易实现的，然后提出比较难的。班级成员之间相互尊重和团结友爱，让大家认为自己是这个班集体中不可或缺的一分子。

要开展丰富多彩的活动，班级活动的丰富化，是建设班级凝聚力的关键点。班级活动是班集体建设和班级成员素质培养的基础形式，活动形式多样，内容丰富多彩，不但可以锻炼学生和学生干部的能力，还能够让他们在其中寻找快乐，获取知识。活动开展要坚持兼容并包的多样性原则，多样性既包括活动内容的多样性，也包括活动形式和组织方式的多样性。一个班级的凝聚力和向心力往往是在活动的过程中逐步形成的。所有成员在参加活动的过程中，在为共同目标努力奋斗的过程中，才能体会到集体的力量和协作的重要性。在开展班集体活动时也需要针对各个院校的现实情况，尽量多开展一些与社会衔接的活动。此类活动不但可以帮助学生认识社会，更能体现出班集体活动在高校育人方面的价值所在。班级体活动不能只依赖于班干部的策划和组织，应尽量让班级成员都有所参与，这样才能群策群力，让班级成员都融入活动的策划和实施中，增强班级成员的归属感和荣誉感，提高班级的凝聚力。

五、探索激励机制

激励通过激发人的动化、挖掘人的潜能、提高行为效率，从而促进人的动力的社会整合，实现社会或个体的社会目标。激励是在内因外因的共同作用下形成的，是外力与内力的整合，是在外界推动力或吸引力的作用下，通过自身的消化、吸收产出一种动力的过程。根据激励的表现形态，激励可划分为物质激励、制度激励和精神激励三大类。制度激励则是制度的形式，用标准化、量化的考核体系来激励学生班级建设的积极性；三者的有效结合和优势整合，才能形成一套完整的激励机制。部分班级建设偏重物质激励和制度激励，把评奖评优、就业推荐和奖助学金等作为学习激励的重要手段，这无疑会调动同学们的积极性，然则这种激励手段并不必然会引导学生实现可持续发展所需要的职业态度、优秀品质和人格等软性素质的提高。精神激励就是借助于精神载体如思想、观念、情感、信念、荣誉、期望等来激发、启迪、塑造、诱导激励大学生班级建设主体积极工作的方式；物质激励则是通过物质性的奖励激发大学班级建设主体的行为规范化、优秀化实施的手段。

激励机制的实施可以更高效地促进班集体建设的发展，因此班级管理者要引导学生建立健全的班级激励制度，内容涉及学生的学习态度、方法、过程、效果等方面，评定方式从情感流露、言语激励，行为暗示及替代物强化为主。精神激励的力量往往比前二者要大得多，教师对某位学生的信任、一个鼓励的眼神，一句鼓励的话语甚至一个不经意的关爱动作都会激发学生的积极性，激励的本质潜藏在行为反应的发生过程之中，是内在变量。只有把激励的三种形式有机地结合起来，建立健全新的激励机制，才能有助于提高大学生班级建设主体的团队精神，提高大学生主动参与伦理建设的积极性和动力性，进而增强师生协同推进班级建设的自觉性和目标性[54]。也只有这样，才能更好地发挥激励的教育性和管理性功能。

激励机制还可以由班集体针对自己的成员来制定，起到班级内部的激励作用，使每位成员对班集体的活动更有积极性，并追求更优秀的自我发展。激励机制要遵循标准统一、公平公正、及时即效、赏罚适度的原则，确保在班级成员范围内实行。激励机制需要设计合理的奖惩办法、具体的评价标准和可评估的调整空间，最大程度地激发每位成员的积极性，参与班集体建设，为班集体注入活力，同时促进个体的自我完善。学生在校生活的各个方面都可以进行评优鼓励，还可以根据院系、专业、年级的差异，灵活调整激励机制，达到奖励比例和额度的最佳配比，让学生能够在得到肯定和鼓励的积极氛围中，更好地参与班集体的各类活动中，在潜移默化中起到构建良好班级文化、创建良好班风的作用。

对班级考核的机制也应该探索。长期以来，班级管理评价体系指标重视外在的显性指标，忽视班级精神，人际交往、学生综合素质等隐性指标，有些时候，优秀班集体评选凭借的甚至不是实力，而是由各二级分院推荐，学生工作部根据上报来的班级数据，把优秀班级的名额平均给每个分院。其结果往往是，班级参与评比的积极性下降。应该积极探索新的班级考核体系，改变传统方法的弊端。

参考文献

[1] 张勇军. 地方高等师范院校综合化发展研究——以 A 省为例[D]. 上海：华东师范大学，2012：35.

[2] 刘永健，张景富，常瑛，胡庆. 关于构建应用型本科院校人才培养模式的几点思考[J]. 教育教学论坛，2014（5）：100-101.

[3] 周茂东，张福堂. 地方本科高校转型发展刍议[J]. 天津职业大学学报，2014（3）：3.

[4] 田磊. 论高等教育的终极目的与现实目的[J]. 教育探索，2009（3）：6-7.

[5] 董泽芳，彭拥军. 实现高等教育合理分流促进社会有效分化与整合[J]. 高等教育研究，2012（8）：30.

[6] 韩冬. 基于知识管理的高校学生工作能力形成机理及提升对策研究[D]. 长春：吉林大学，2014：11

[7] 储祖旺. 高校学生事务管理教程[M]. 北京：科学出版社，2009：5.

[8] 徐丽曼. 高校思想政治教育实践育人模式研究[D]. 辽宁：辽宁师范大学，2009：16.

[9] 白显良. 隐性思想政治教育基本理论研究[D]. 武汉：武汉大学，2007：35.

[10] 曹子建. 新型本科院校改革探索理论与实践[M]. 成都：西南交通大学出版社，2018：36.

[11] 汪先平. 应用型本科转型背景下学生管理工作探析[J]. 锦州医科大学学报（社会科学版）2017（8）：94.

[12] 邵月花. 高职院校二级学生工作模式的理论与实践研究[M]. 杭州：浙江工商大学出版社，2016：3-30.

[13] 陈万柏. 思想政治教育载体论[M]. 武汉：湖北人民出版社，2003：8-9.

[14] 王传中,朱伟.辅导员工作指南[M].武汉:武汉大学出版社,2009:18.

[15] 陈立民.高校辅导员理论与实务[M].北京:中国言实出版社,2006:1.

[16] 刘国钦,伍维根.高校应用型人才培养的理论与实践[M].北京:人民出版社,2007:197.

[17] 钱国英,徐立清,应雄.高等教育转型与应用型本科人才培养[M].杭州:浙江大学出版社,2007:42.

[18] 许晓玲.大学生社会主义核心价值观培育路径研究[J].教育评论,2015(3):59-61.

[19] 陈志勇.网络新媒体视阈下以文化人在社会主义核心价值观宣传教育体系中的应用研究[J].思想教育研究,2015(12):27-29.

[20] 杨丽娴,连榕.学习倦怠的研究现状及展望[J].集美大学学报,2005(2):33.

[21] 秦军,王爱芳.基于路径依赖理论的大学生学习模式研究[J].教学研究,2007(4):128.

[22] 陈国权.复杂变化环境下人的学习能力:概念、模型、测量及影响[J].中国管理科学,2008(1):147.

[23] 杨兢,周婧,陈春莲.大学生心理健康导读[M].北京:首都师范大学出版社,2014:2.

[24] 董俊义,李元卿.大学新生要适应的"六个转变"[N].光明日报,2007-09-08.

[25] 娄成武,魏淑艳.现代管理学原理[M].北京:中国人民大学出版社,2004:4.

[26] 蔡丽华.网络德育研究[D].长春:吉林大学,2006.

[27] 徐建军.大学生网络思想政治教育理论与方法[M].北京:人民出版社,2010.

[28] 雷开春.大学生职业辅导理论概述[J].思想理论教育,2006(7):65-68.

[29] 刘淑玲.全员全程化职业生涯教育体系的构建与完善[J].中国大学生就业,2008(4):55-56.

[30] 郭欣. 中国当代大学生就业能力培养研究[D]. 长春：吉林大学，2017.

[31] 施炜. 普通高校本科毕业生就业能力提升对策的研究[D]. 北京：中国矿业大学，2012.

[32] 张学亮. "双创"视阈下大学生就业教育研究[D]. 重庆：西南大学，2017.

[33] 钟秋明. 我国当代高校毕业生就业研究[D]. 长沙：湖南大学，2015.

[34] 李培俊. 大学生择业指导概论[M]. 北京：中国石油大学出版社，1995：170.

[35] 张书明. 大学生就业指导教程[M]. 山东：山东大学出版社，2006：14.

[36] LIPSHITS-BRAZILER Y, GATI I, TATAR M. Strategies for coping with career indecision: concurrent and predictive validity[J]. Journal of career assessment, 2015, 12 (91): 170-179.

[37] GATI I, KRAUSZ M, OSIPOW S H. A taxonomy of difficulties in career decision making[J]. Journal of counseling psychology, 1996, 43: 510-526.

[38] 董刚. 论价值澄清法在思想政治教育中的运用[J]. 中国成人教育，2007（10）：160.

[39] 余守萍. 校园文化与学校德育模式的创新研究[M]. 北京：中国社会科学出版社，2014：9-10.

[40] 宋伟. 社会主义核心价值观融入高校校园文化建设研究[D]. 郑州：郑州大学，2016.

[41] 辞海编辑委员会. 辞海（缩印本）[M]. 上海：辞书出版社，1980：1301.

[42] 马克思恩格斯文集：第1卷[M]. 北京：人民出版社，2009：550.

[43] 中共中央宣传部. 习近平总书记系列重要讲话读本[M]. 北京：学习出版社、人民出版社，2014：92-93.

[44] 郭建宁. 社会主义核心价值观基本内容释义[M]. 北京：人民出版社，2014：105.

[45] 中共中央组织部党员教育中心. 兴国之魂：社会主义核心价值观五讲[M]. 北京：人民出版社，2013：118.

[46] 冯刚. 关于进一步深化高校校园文化建设的思考[J]. 学校党建与思想教育，2013（8）：4-6.

[47] 甘霖. 高校实践育人研究[D]. 武汉：武汉大学，2014.

[48] 王增芬. 高职院学习型班级建设研究[D]. 南京：南京师范大学，2015.

[49] 全国十二所重点师范大学联合编写. 教育学基础[M]. 北京：教育科学出版社，2002：239.

[50] 蒋四华. 学生班级基础建设探析与思考[J]. 高教论坛，2005（2）：36.

[51] 张健，张明淑，贺伟. 高等院校班风建设的途径[J]. 职业技术教育，2008（32）：1.

[52] 王洪明. 从"管理"到"辅导"班级变革研究[D]. 上海：华东师范大学，2011.

[53] 王庆辉. 班级学风建设中几个基本问题的思考[J]. 继续教育研究，2008（5）：172.

[54] 宋顺喜，刘彦娟. 高校班级文化建设探索与实践[J]. 中国成人教育，2012（18）：37.